U0929661

南京稀见文献丛刊

南京

摄影 〔德〕赫达·哈默尔
撰文 〔德〕阿尔弗雷德·霍夫曼

翻译 印芝虹
审校 卢海鸣

南京出版传媒集团
南京出版社

图书在版编目(CIP)数据

南京 /（德）哈默尔摄；（德）霍夫曼撰；印芝虹译. — 南京：南京出版社，2015.4

（南京稀见文献丛刊）

ISBN 978-7-5533-0869-2

Ⅰ. ①南… Ⅱ. ①哈… ②霍… ③印… Ⅲ. ①南京市-地方史-1944-画册 Ⅳ. ①K295.31-64

中国版本图书馆CIP数据核字（2015）第055535号

书　　名：南京
摄　　影：〔德〕赫达 · 哈默尔
撰　　文：〔德〕阿尔弗雷德 · 霍夫曼
翻　　译：印芝虹
审　　校：卢海鸣
出版发行：南京出版传媒集团
　　　　　南 京 出 版 社
　社址：南京市太平门街53号　　　　邮编：210016
　网址：http: //www. njcbs. com　　淘宝网店：http: //njpress.taobao.com
　电子信箱：njcbs1988@163. com
　联系电话：025-83283871、83283864（营销）　025-83112257（编务）

出 版 人：朱同芳
责任编辑：严行健
装帧设计：王　俊
责任印制：杨福彬

制　　版：南京新华丰制版有限公司
印　　刷：江苏凤凰扬州鑫华印刷有限公司
开　　本：890毫米 × 1240毫米　1/32
印　　张：9
字　　数：159千字
版　　次：2015年7月第1版
印　　次：2015年7月第1次印刷
书　　号：ISBN 978-7-5533-0869-2
定　　价：40.00元

全书除导读以外，由印芝虹翻译并定稿，向兰英、唐伟、冯晓文协助翻译。卢海鸣审校全书，并添加了注释。本书德文版版本由陈西民提供，在此一并致以谢意。

总 序

南京是我国著名的七大古都之一，又是国务院首批公布的24座历史文化名城之一。有将近2500年的建城史，约450年的建都史，号称“六朝古都”、“十朝故都”。南京的地方文献是中华历史文化资源的一个重要组成部分，是研究我国政治、经济、军事、文化和民风民俗的重要资料。按照南京市委、市政府以科学发展观统领全局的要求，配合经济发展与城市建设，深度挖掘历史文化资源，做好历史文献整理出版工作，不仅有利于传承、弘扬南京历史文化，提升南京品位，扩大南京知名度，也有利于当前的物质文明、精神文明、政治文明和社会文明建设。

长期以来，南京地方文献还没有系统地整理出版过，大量的南京珍贵文献散落在全国各地的图书馆和民间。许多珍贵的南京文献被束之高阁，无人问津，有的随着岁月的流逝而湮没无闻。广大读者想要查找阅读这些散见的地方文献，费时费力，十分不便。为开发和利用好这一祖先留给我们的文化瑰宝，充分发挥其资治、存史、教化、育人功能，南京出版传媒集团·南京出版社组织了一批专家和相关人员，致力于搜集整理出版南京历史上稀有的、珍贵的经典文献，并把《南京稀见文献丛刊》精心打造成古都南京的文化品牌和特色名片。为此，我们在内容定位上是全方位、多视角地展示南京文化的深层内涵和丰富魅力；在读者定位上是广大知识分子、各级党政干部以及具有中等以上文化程度的人；在价值定位上，丛书兼顾学术研究、知识普及这两者的价值。这套丛书的版本力求是国内最早最好的版本，点校者力求是南京地方文化方面的专家学者，在装帧设计印刷上也力求高质量。

总之，我们力图通过这套丛书的出版，扩大稀见文献的流传范围，让更多的读者能够阅读到这些文献；增加稀见文献的存世数量，保存稀见文献；提升稀见文献的地位，突显稀见文献所具有的正史史料所没有的价值。

《南京稀见文献丛刊》编委会

南京[①]（代导读）

［德］赫达·哈默尔

我最后一次到北京以外游历是在1944年。德国派驻中国傀儡政府大使韦尔曼博士（Dr.Woermann）请我编辑一部南京摄影记录。韦尔曼博士是一位不同寻常的单身外交官，其对艺术的兴趣胜过对政治的兴趣。他有一笔文化活动资金，于是就决定用来制作一本关于这座城市的书籍。我负责摄影，德国外交官阿尔弗雷德·霍夫曼（Alfred Hoffmann）负责提供文本。

结果，我在南京度过了1944年的夏天。南京有着悠久的历史，但是世界上很少有哪座城市千百年来遭受过如此之多的破坏和劫掠。其地理位置决定了其重要性，这座背靠丘陵的城市坐落于长江南岸，大江流经此地宽度收缩到不足1100米。南京周边地区富庶而肥沃。在帝制时代，这座城市一直是人口稠密的长江下游地区的行政中心和贸易枢纽。

南京的重要性从其屡遭毁坏而劫后复苏的历程就可以显示出来。它在历史上曾两次被摧毁，并曾屡受其他劫难。

① 本文写于1958年后。

最近的一次是1937年12月日本人攻占这座城市之后对这座城市的野蛮洗劫和对其居民的大规模屠杀。但南京总是能复苏过来。当我在1944年来到那里的时候,这座城市又有了众多的人口,尽管仅仅七年前它刚刚遭受了日本人的蹂躏。

南京周边有许多史前遗迹,但其有记录的历史始于公元前500年的战国时代初期,比公元前三世纪末中国统一为一个帝国还要早几个世纪。这种统一局面持续到三世纪初,继之以中部地区汉人王朝和北方非汉族统治者之间长期对峙的纷繁复杂的历史。公元229年到公元589年的大多数时间里,南京是中国南方的首都,尽管主要的政治中心依然在北方。它的财富和权力引起了北方的仇视,于是当短命的隋王朝于公元589年攻占这座城市之后,它几乎被完全夷为平地。

在后来的岁月里,南京稳步重新获得了其作为地区中心和文化中心的重要地位,但却在蒙古人建立的元代再度衰落了。在明代早期,由于王朝建立者出生于邻省安徽,这座城市因而获得了其最伟大的荣耀。从公元1368年到公元1420年,南京一直是帝国的首都,直到永乐皇帝在公元1421年迁都到北京,而南京则依然作为陪都。它继续作为中国中部地区的行政中心和艺术学术中心,并且,这一地位在接下来的清王朝依然不变。

基督教在华历史的一个重要事件就发生在南京。1707年,教皇使节在这里宣布了禁止中国天主教徒进行尊孔和祭祖仪式的敕令，而这些礼仪早在16世纪就已经被那些来华传播基督教并在宫廷和官场取得很多影响力的耶稣会传教士们所容许。这道敕令极大地削弱了基督教的在华传播。

19世纪清朝势力和权威的衰落也反映在南京的命运上。1842年在一艘英国战舰上被迫签订的《南京条约》结束了第一次鸦片战争，这是中国不得不忍受西方列强诸多欺侮和羞辱的开始。短短几年之后，南京就成为灾难性的太平天国叛乱的风暴中心。

南京在历史上历经多次叛乱，但太平天国的篇章是一次不同以往的叛乱。它是由广东的一个落魄书生领导发动的，此人转向基督教教义并相信他有变革中国的神圣使命。这些信念构成了叛乱运动的意识形态基础，这在中国是前所未有的。中国中部地区很快就被太平军席卷了，但是领导集团的分裂阻止了这场运动控制华北和攻占北京。这个领袖采用了“天王”的头衔，定都于南京。

从很多方面来讲，太平天国叛乱是一场真正的变革运动，其追随者相信基督教的上帝，受十诫的指导。但是由于权力导致了腐败，这场运动失去了其原初的动力和效率，在内讧中被削弱了。外国列强最初保持中立，在第二次鸦片战争尘埃落定之后转而向清廷当局提供镇压叛乱运动的直接和间接的协助。这一目标在1863年[①]实现了。

不幸的是，太平天国叛乱与镇压造成了巨大的文化与

① 天京陷落于1864年。

人员损失，许多传统的庙宇和碑碣遭到了破坏，死亡人数巨大。南京衰败了，尽管其人口再次增长，但直到清王朝覆亡也没能恢复成为政治中心。

孙逸仙博士领导的革命运动打算在南京建立共和制中国的首都。1912年1月1日，这座城市发布一份宣言，宣布建都。然而，北方的保守派政治家们想要的是君主立宪制。最终双方达成了妥协，北方的袁世凯成为大总统，首都依然在北京。

此后北京一直作为首都，直到1927年蒋介石领导的国民党最终在南京建都。1937年南京被日本人攻占和蹂躏之后，这座城市又成为1944年死去的汪精卫领导的傀儡政权的首都。中华人民共和国把国家首都定于北京，重新回到了靠近北方边陲的传统首都位置。

南京腥风血雨的历史使得城市周边无数富有价值的历史遗存和文物大多都是颓垣断壁。一些建筑得以恢复但是很少有保持原初状态的。尽管如此，当我访问南京的时候还有许多可看的古迹，更多是一些旧址。特别有意思的是1950年发现的南唐(937—975)前两位皇帝的陵墓和1958年认定的浡泥国王墓。后者是今天文莱苏丹的一位祖先，于1408年在南京去世。

在1944年，大多数醒目的古迹是那些可以上溯到明代的遗迹。明城墙绵延38公里，它的许多部分仍保存着，尽管处于荒颓的状态。正如地图上所见的那样，它的形状是不规则的。城墙是在石质基础上由砖块建筑而成，高度宽度因地而异。城砖上的印章铭文显示其来源。历史学家从中得以探知这些城砖是由许多地区提供的,主要是来自江苏、安徽、江西和湖北等省。

得到了很好的维护和修复的明代鼓楼是特别杰出的建筑。这座建立在小高地之上的鼓楼每天日暮时分都击鼓报时。东北方不远处的一座建于1889年小亭子里有一口明代铸造的大钟,与鼓楼遥相呼应。另一处有趣的明代遗存在城市的南部:一座曾经伫立于千百间整齐排列的号舍中央的楼宇,当年那些寻求获得打开官场职业生涯大门资格的生员就在这些号舍里应试。号舍已经消失,但是楼宇却保留了下来,不像在北京那样,整个科举考场都荡然无存。另一方面,与北京故宫相匹配的明代宫殿却几乎没有遗存。在清政权的统治之下,当局任由它颓废荒芜。

在坐落于城东紫金山麓的明朝洪武皇帝的陵墓可以看到更多的东西。陵墓有与北京附近的明陵相似的成列石兽和官吏石俑,但是空间较小,石像之间也距离更近。沿着石兽排列方向的入口通道一开始向西,接着向北,最后向东,为的是阻止晦气的进入,据信后者总是沿直线行进。

那里本来有一座庙宇,但为了给陵墓腾出地方而拆毁了,重建在东面稍远处。这就是无梁殿,南京唯一一座完好无损的明代建筑。国民党用它来作为纪念阵亡将士的场所。

城内和周边还有许多明代遗存,主要是明代早期重要官员的墓地。石灰岩采石场是一处不同寻常的有趣的明代遗迹,这里为建筑和石碑提供着原材料。采石场里引人注目的是一块巨大无比的石材。永乐皇帝本打算派人将它立于其父的陵寝，到了工程后期阶段才意识到即使是中国的技术天才也无法移动它，这块巨石从那以后就留在了那里。

明代之前历代遗迹不甚醒目但为数众多。一些最重要的由陵墓组成的古迹可以上溯到梁代（502—557）。梁代皇帝们的陵寝并不在南京，而是在坐落在南京以东70公里外的梁室故里丹阳，我并没有探访那里。南京东北方有梁代皇室成员的陵墓。这里包括有精美的雕像，特别令人印象深刻的是那些张口带翼的狮子。

同一区域里还有栖霞寺，一座也可以上溯到6世纪的寺院。最初是隐士们常去的地方，在唐代（618—907）成为中国四大寺院之一。寺庙附近的洞穴中有许多几经修复的佛教雕像。栖霞寺几乎被太平天国叛乱者彻底摧毁，现在的建筑是在收复南京之后重建的。然而，它仍然是一处美丽的古迹。与栖霞寺毗邻的是小舍利塔，这是南京保存最完好的两处唐代建筑之一，另一处是坐落于城南牛头山的一座风格秀逸的微红色的宝塔。

南京还有其他许多重建的庙宇，其中一些极具魅力。最重要的是城西的夫子庙①。在南京的中心，大钟亭的东侧，有一座鸡鸣寺。原址是蒙古人的刑场，最初的寺庙是为安抚那些在此被杀的冤魂而建的。坐落在南京城中央的还有毗卢寺，这里有很多小型的佛像。在一座可以从南京俯瞰

---

① 这里的“夫子庙”指清末江宁府学和文庙所在地朝天宫。

长江下游的名叫燕子矶的小山上有一座景色如画的寺院。其他还有许多。

国民党在1927年于南京重新建都之后，着手对城市进行了大发展，修筑了道路和公共建筑。这一时期最著名的建筑是洪武皇帝陵寝西面[①]的中山陵。这座宏伟的工程主要是由海外华人捐资兴建。从一座白色大理石牌楼进入，392级台阶通达陵寝，牌楼和陵寝都有蓝瓦覆顶。中山陵的西北面是一座现代的天文台，展示有古代的天文仪器。天文台的一处胜景是1930年由美国人墨菲设计的一座现代宝塔[②]。

古代的南京以其园林著称。如同中国文化的其他许多方面一样，园林也是以一种与西方风格迥异的方式建造。尽管开花植物也在中国的园林中占有一席之地，但重点却被放在假山和不同形状和大小的嶙峋怪石上，模拟的是文人意境中自然山形，特别符合中国人的审美感觉。很不幸，南京的园林遗存不多。

南京的一个特色就是城市的水系和湖泊。老城与长江水道有一定的距离，但西面的城墙沿着长江支流秦淮河的河道，东北方的城墙紧邻玄武湖，即西方人所称的荷花湖，因其广种荷花而得名。荷花产出可以食用的莲子和藕，在中国的甜点中被广泛应用。玄武湖风景如画，特别是当荷花开放的时候。冬天，浅浅的湖水为水禽特别是鸭子提供

---

① 误。中山陵在明孝陵东面。

② 这里指的是国民革命军阵亡将士纪念塔，又名灵谷塔，不属于天文台的范围。

了绝佳的栖息地;到了夏天,它又成了长爪、疾走、雉尾的水雉舒适的产卵地。

南京人如何?我发现他们与我所熟悉的北京人一样友好和彬彬有礼。人口最密集的区域是城市的南部。南京以前是一个手工业中心,以其优质的丝绸制品而闻名。日本人入侵之前就已经有了相当规模的工业,甚至在日本人统治之下依然是商业和贸易中心。我在那里的时候,南京人口是六十六万四千人,这数字可能有夸大。一位国民党官员告诉我,1937年,南京大屠杀前夕南京人口有一百万出头。

我在南京随兴游玩。令我记忆特别深刻的机构是中国邮局。无论有多困难,不管是受战争或革命或自然灾害影响,中国的邮政总是能确保送达。自由中国和在日本侵略后被日本人占领的区域之间继续通邮。1944年的早些时候,我得知,1942年8月随盟国人员撤离的我在北京认识的朋友阿拉斯泰尔·莫里逊(Alastair Morrison)已经把邮件寄到了重庆。到达那里之后,他在一封红十字会邮件写上:"我很好,希望你们安好,这里的天气非常炎热。"寄给了北京的一位法国朋友。这位朋友把信给我看,信上有重庆的居住地址。我决定在南京写一封回信。但是给我的地址是英文的,保险起见似乎还是在信封上写上中文为好。德国大使的厨师帮我做了这些。他已经尽力了,但我后来才知道,他写得非常潦草,实际上把每个汉字都写错了。不管怎么讲,信在外出摄影的途中被悄悄投进了邮箱并且安全地到达了目的地。

我在南京的时光过得非常开心。尽管这座城市饱经摧残，但依然是个美丽的地方，并在历史上留下了光环。不难看出它为何历经千百年岁月沧桑仍然是中国的文化中心。

我和霍夫曼的工作成果最终就是一本 1945 年在上海出版的题名《南京》的德文书籍。由于当时很难获得优质的印刷材料，因此尽管其他方面制作精良，这本书还是因其低劣的纸质逊色了不少。雪上加霜的是，这本书刚好在日本投降前不久问世，在接管时期的混乱之中，许多拷贝不翼而飞，它们可能都已经被回收成为纸浆了。结果，也许这本书不是在华出版的西文图书中最好的一部，但今天却成了其中最稀有的图书之一。

赫达·哈默尔（Hedda Hammer，1908—1991）：德国摄影家。生于斯图加特。曾在慕尼黑的摄影学校学习。1933 年，应聘到北平的德国哈同（Hartungs）照相馆当摄影师。1938 年，合约期满，她离开照相馆，开始为来华的外国游客、商人、艺术家以及旅行社等提供摄影服务。1944 年，纳粹德国驻汪伪政权大使韦尔曼邀请她和德国学者霍夫曼合作编纂关于南京的画册。从夏至冬，她在南京拍摄了近千幅照片。1945 年，德文版的《南京》在上海出版。1946 年，她和英国著名记者、袁世凯顾问乔·厄·莫里逊的次子阿拉斯泰尔·莫里逊（Alastair Morrison）结婚后离开北平，迁居香港。1947 年随丈夫定居英属沙捞越（今属马来西亚）。1967 年以后，移居澳大利亚堪培拉。1985 年英国牛津大学出版社出版了

A Photographer in Old Peking（中译本名为《洋镜头里的老北京》)。1987 年，牛津大学出版社在香港出版了 *Travels of a Photographer in China* 1933~1946，收录了她在北京以外中国其他地区所摄照片，其中包括 60 多幅 1944 年的南京影像。1991 年，她病逝于堪培拉。次年，其丈夫按照遗嘱将其在中国 13 年所摄的 1 万多张底片、6000 多幅照片以及 29 本影集全部赠与了哈佛大学燕京图书馆。

霍夫曼：德国驻汪伪政权外交官、学者。

（本文选自卢海鸣、邓攀编《金陵物语》，南京出版社 2014 年 8 月版。）

前　言

这是一些在我们看来对于中国首都的过去和现在富有意义的地点，为此，我们不顾时局艰难，对它们进行了考察。素材非常丰富，而编这样一本书必须有所选择和限制，不过我们相信没有忽略任何关键的东西。

图片和文字相互补充。只有那些表意明确、或多或少可以视为对中国普遍适用的摄影，比如最后的两组照片，相信可以不必参照文字。

南京，1945年夏　作者

目　录

城墙

天堡城

鸡鸣寺东望城垣

鸡鸣寺北望城垣

石头城

城　墙

1368 年,明朝开国皇帝定都南京,并于翌年下达了修筑城墙的命令。没过几年,一座独一无二的建筑诞生了,除了在霸气方面略逊于长城,这样的城墙至今还没有第二座。

这座绵延 38 公里[①]的巨型城墙,宽阔而沉稳地环绕着南京城。这一大手笔基于政治和战略的思考。为体现新建王朝的大气磅礴,统治者的意志很明确,就是要在南京的土地上建造一座囊括历朝历代所有民居、宫殿和要塞的城市,以体现出新建帝国的宏伟壮观的理念。将所有对于防御意义重要的地点、特别是视野开阔的山岭圈揽进来,利用各种天然屏障的优势,比如湖泊和河流,均具有战略意义。此外,城市跨越从前的边界,大肆向北扩展,以再度靠近长江。自从南京第一次成为都城以来,1000 多年的岁月里,广阔的冲积地将长江与城区远远地拉开了距离。于是,这座霸气的防御城墙蜿蜒盘踞:南面建造在十世纪的城墙遗址上,东面贯穿古老的湖泊,在城市的西北面,它则依山越岭,不规则地延伸着,直到长江的近旁。

城墙的建筑材料为砖和天然石。

带着细腻红绿色纹理,坚硬、不易被侵蚀的石灰岩石,

---

① 据最新测量数据,实为35.267公里。

奠定了城墙的基础。1500多年前，六朝石匠们为其统治者的陵墓打造石柱和神兽时，用的正是这种石头。

精细削凿的条石，平均长80到120厘米，高30厘米，宽60到80厘米。它们外围的边棱并不相合，而是逐个缩进约5厘米，从而达到了墙体自下而上逐渐变窄的效果。

作为灰暗砖墙的基础，城墙的条石建构一般只高出地面很少几层。有些地方，像整个北面城墙和靠近天文台的部分，石基被堆积的泥土盖住了。而水西门以南一直到西南角，以及最南边的东段，秦淮水闸的下方，则筑有这座城墙最高的石基。这里垒砌的条石有时达到40到60层（约13到18米高），上面只镶嵌着一层城砖砌筑的狭矮城垛。此外还有唯一一处，在石头城南面很短的一段，整个约19米高的城墙全都是用石灰岩条石垒砌而成。

绝大部分城墙还是由城砖砌成的，它们高高矗立在自然条石的基础上，确立了整个城墙的风貌。不仅是无数的劳动力，堂正、厚重的城砖，平均长42到43厘米，宽20到21厘米，厚11到12厘米，也为这项浩大的工程在短短的几年内落成提供了可能。

在皇帝的委派下，无数砖窑为城墙烧制城砖，它们在每块砖上加盖其印章，以此确凿地记载下了每块城砖的故事。

于是，这座城墙便成为一本大书，人们可以沿着这本大书阅读行走，一块块城砖给出的信息常常令人惊讶的详尽：这些城砖来自某县、某地，相关地域皇帝委派的城墙专员的头衔、职位、姓名，包括他们下属责任官员的信息，直至砖窑主、烧砖人和制砖匠的具体名字，以及城砖烧制完成的具体年月。

显然，数世纪以来的风雨侵蚀，把很多地方的字迹都损坏了。但是，在受到遮挡的部位，一块块砖上的文字依旧保存着，尤其是鸡鸣寺以北台城的对面，沿着玄武湖畔西北方向的城墙，这里的城墙内侧保存得特别好。江西、江苏、安徽和湖北等省的各个县承担了烧制城砖的主要任务。在现今中央大学[①]校门的内墙上，嵌入了一组保存完好的城砖，很值得观赏。

城砖颜色统一是灰色到灰黑色。只有唯一的一个县——江西西部的袁州府宜春县，烧制的城砖是淡橘黄色。这些城砖烧制得漂亮，零星散布在来自无数其他郡县的深灰色单调的城砖之中，装点着从太平门向上直至天文台山岭的城墙。它们上面都记录着“洪武十年”，也就是公元 1377 年。

城墙沿富贵山东南翼攀升到紫金山天文台，那里宽阔而厚重地垒砌着 180 块城砖，使这段城墙成为距离地面的最高点，大约 22 到 23 米高。城墙距离水平面的最高点大致位于新建的玄奘寺和鸡鸣寺之间的部位，高过玄武湖湖面约 33 米，这当然算进了湖边的石灰岩石基，显然是之前遗留下来的很古老的城基。此外，城墙的高度落差一般在 10 到 20 米之间；北面和西北面的城墙，也就是坐火车或者轮船的到来者会先看到的墙段，平均高度不超过 9 到 10 米。

---

① 今南京大学。

城墙的宽度也同样产生着变化。个别地段，比如西南角，在城墙上测量，很长一段达到洋洋15米宽，但是城墙的平均宽度则在7到10米。在有城门通道的地方，城墙都大为拓宽。在保存完好的地段，城墙上面略朝城市一边倾斜，并相应的有一道朝向这一侧的宽阔厚重的檐口，檐石由石灰岩削凿而成。城墙顶部的外侧则以城垛为饰，保存情况好坏不一。

紧靠鸡鸣寺的后方有一小段向西延伸的城墙截断。我们至今都无法确切地了解这段残余城墙的来历。数百年来，中国的文人们把它作为六朝时代宫廷建筑唯一遗存的废墟来吟咏，以喻所有辉煌均稍纵即逝，包括六朝那样文化繁荣的金粉时代。自三世纪以来，历朝统治者的宫殿确实都建在鸡鸣寺的山丘和天文台附近，但是紫禁城的围墙只延伸到这些高坡的南面，高坡的北面则建有城墙。而这段城墙，一如它今天展现在我们面前的，不可能早于明代，因为大量的城砖上标示着这个时期的、或者更近的时代的年份。所以，它很可能是在四世纪老城墙的基础上建造起来的。明朝开国皇帝最初可能是想在老城墙的基础上继续修建新城墙，可后来又推翻了这个计划，让新墙垂直地、硬生生地从老墙的走向折过来，继续沿着玄武湖向北面和西北面延伸。

城墙一共有24个城门：9个城门为公共交通敞开，两个供铁路运输。其他城门都是关闭的，其中一些老旧的、单面封堵的城门通道被当地农民当仓储空间和牲口棚使用了。

大大小小的湖泊、30到100米宽的水渠以及可供中国式大帆船航行的秦淮河，连接起了一个几乎不中断的护城河。在天然护城河的那一面，明朝开国皇帝又于 1390 年命人修建了约 60 公里长用黏土垒砌的外郭城墙，一共开有 16 个城门[①]，与内城的距离 2 到 9 公里不等，从而使城北和城东南与江河相接，整个紫金山以及江边丘陵地带、幕府山都被包围在了城内。有些地段的外城墙还保存完好，那些以城门命名的地方总会让人想起城墙过去的走向。

城墙、壁垒和塔楼在任何时代都不仅仅起防护作用。与欧洲中世纪城市一样，它们象征和宣示着权力。同样，这座洪武年代的建筑，直到今天依然几乎完好地巍然屹立，环绕着南京城，见证着统治者的宏伟意志，而其曾经重要的防御价值可能已令人怀疑。如今，羊群在杂草丛生的墙垛上漫游，雉鸡从田野飞来掠过城垣，无花果、桑葚和枣树在城墙裂缝中顽强生长。小白额雁在湖边的城墙洞里筑巢，黄鼬在缝隙中寻找栖息地。黄昏中，鸢和鹰在这儿栖息，俯瞰脚下伸展开去的辽阔大地。

① 误。明朝外郭城门共有18座。

城 市

中山门

鼓楼

新城里的十字路口(保泰街口纪念塔)

南京的交通枢纽(新街口)

国民大会堂

中式建筑风格的现代办公楼（经理总监部牌楼）①

① 其前身是中国国民党中央党史史料陈列馆，现为中国第二历史档案馆。

前铁道部

博物馆[1]

① 其前身为鸡笼山下的中央研究院总办事处，汪伪时期改为中央研究院博物馆。

① 即汪伪国民政府。其前身是国民政府考试院，现为中共南京市委、市政府所在地。

国民政府[1]

外交部大门①

① 其前身是国民政府考试院东部建筑群。

① 其前身是清代武庙（又名关岳庙），民国时期为国民政府考试院铨叙部办公楼。

外交部礼堂[①]

大学

新式住宅

旧督署西花园

大钟亭

北极阁上的气象台

北极阁北向远眺

城墙内的墓葬和农田

新住宅区附近乡景

从夫子庙眺望城市和紫金山(城内全景)

城　市

丘陵地带、湖泊和其他水域紧紧围绕着低浅的长江流域冲积平原，在这片土地上，南京在过去的2500年中发展起来。这些地理条件决定了最初居民点的位置及其内部和外部的环境，并且与这座中国所有城市中最受争议的城市的命运紧密相联，这在南京变幻多端的历史的关键时刻表现得很清楚。它们直到今天还在继续影响着这个城市的面貌。

南面，城市近郊一直延伸到由红色砂岩和砾石组成的长长的横断阻隔雨花台（80米）。北面和西北面，城墙内不规则的一连串低矮山丘将城市同长江和江滨隔开，它们中间最北边的狮子山（139米）最为重要。东边，庞然的钟山（470米）——自古以来也叫紫金山，气势昂然地屹立于城市门前；同时，这里宽阔的玄武湖和燕雀湖[①]湖水也一直荡漾到城墙脚下。而在南边和西边，秦淮河与城市亲密无间，西面和北面则有中国最大的河流——长江，拉开些距离以高雅的弧线流过。

这一地区可以考证的居民点可以追溯到公元前六世纪。城西南的山丘，也就是今天夫子庙所在的位置，被看作是南京最早的居住之地。几十年之后（公元前472年），在

① 燕雀湖：古名。今名前湖。

如今的南郊一带，出现了最早的有城市雏形的被围护起来的居民点。它在公元前333年被毁，来自楚国的占领者在如今南京城西部的清凉山，那片当时四周尚在长江的冲刷之下的高地上，建起了一座坚固的城池，名叫“金陵”——“金色的丘陵”，一个至今依然常用的、富有诗意的首都之称。但是这个古老的居住点却是直到公元229年后，才获得了历史地位。当时，吴国的第一个皇帝从中国中部的武昌[①]迁移到东部，将都城建在鸡笼山的脚下，如今鸡鸣寺和天文台就竖立在这个山岭上。这块凸起之地，人们可以根据它的地理位置称之为南京的宫殿山，因为南朝辉煌的、备受吟咏的皇宫建筑便位于这座山的南面，存续了几乎400年之久。皇城和实际的居民城有着多重城墙，包围着这些璀璨的皇宫建筑。居民城的南门距离如今的交通中心新街口东面不过几百米，大约在今天的南门以北3.5公里的地方。公元六世纪末，以辉煌和财富而闻名的建康（南京）被兴盛起来的隋朝无可挽回地一扫而光，城市在几天之内被夷为平地，曾经高耸着宫殿的土地被翻作了农田。

南京在持续300多年的时间里，沦落为一个无足轻重的地区城市，直到在十世纪南唐（937—975）[②]统治者治下，南京才重新获得国都的地位，当时已经建起了一个新的居住区，大部分位于被隋朝摧毁的建康城的南面。这个布局意义重大，因为它对如今城市的面貌具有决定性的影响，它所包

① 武昌：今名湖北鄂州。

② 南唐灭亡时间为976年1月1日。

围的区域主要是现在的城南，是今日南京实际的核心地带。秦淮河在南面的大弯道被收进了城市的版图，西面汉西门和东面通济门之间的南部城墙，大部分还是出自于这个时期，或者是在当时的城墙地基上建筑的。古老的护城河从通济门向北一直延伸到珠江路高地，然后与这条街平行向西拐去，这在今天的城市样貌上也清晰地体现出来。古老的金陵要塞，从公元三世纪起就有石头城——“岩石上的城市”之名，其位于长江边的重要战略位置几百年来对整个城市的命运起着根本性的决定作用，作为城市的“桥头堡”被纳入了城市的版图。有卓越艺术天赋的统治者们将宫殿建造在今日城南的正中间，沿着洪武路左右分布。

十二世纪初，南宋第一任皇帝为躲避外族金军的进攻逃往杭州，途中在南京短暂逗留几个月。然而只有明朝第一代统治者（在位时间1368—1398）不折不挠的开创性意志，赋予了这个城市至今保留的宏伟面貌，令其大规模向北边和东面扩展，筑墙围拢了大片地域。南京再次成为大约半个世纪的皇都，并且在历史上第一次成为整个帝国的首都。十五世纪初，皇帝迁都北京，南京在本质上并没有失去它作为独特的“南都”的领导地位，至少在精神和艺术领域。

这段长时期的繁荣和富足生活，被太平天国反叛者的恐怖统治突然终结了。1853年到1864年，太平天国立南京为其都城，并最终将这座拥有宫殿、寺庙的富裕城市在历史上第二次变成了一堆烟火弥漫的废墟。南京再也没有从这次毁灭中完全恢复过来，那些被横遭摧毁的痕迹今天还能在城市众多的场所看见。1912年,革命爆发后不久,南京成为几个月的临时政府所在地。1927到1937年间,南京作为中国的首都,在国民政府统治下经历了令人意想不到的快速发展。1940年3月,南京成为现任政府的所在地。

在总体大致450年的时间里,南京12次成为偏安或割据王朝统治者的都会,两次成为帝国的首都。在其历史上的各个朝代,这座城市拥有超过20个不同的、有些还是充满诗意的名称。其中最为人知的就是南京(“南都”),那是十五世纪流行起来的,在皇宫迁往北方(北京——“北都”)之后。基于其遗留下来的帝国高等官府以及一个很有影响的富裕文人阶层的独立意识,南京得以享受自己十分独特的生活方式有好几个世纪之久,这一点在南京这个名称里得到了最好的体现。

十四世纪末,明朝开国皇帝基于战略和政治考虑修建城墙,就已经基本奠定了这座城市的格局,而南京如今的面貌——就如从城中一座名为北极阁的山丘上俯瞰的景象那样,主要是近20年才形成的。在国民政府遵循孙中山的遗愿,于1927年将南京选为政府办公地并紧接着定都南京之后,南京的重建工作开始。从而,这个曾被历史忽略的城市在短短的几年间变成了中国最先进的城市。在宏大计划的指引下,整个城区拥挤的小巷子都被拆除,代之以宽广的欧式风格的街道。其中,长12公里,宽40米,从北面的长江一直延伸到东南面中山门的中山大道最为显著。大道两旁坐落着重要的标志性的政府机关:铁道部、交通部、以前的外交部以及最高司法院。一些建筑是按照欧式风格建造的，一些采用外国原材料但仍然保留中式风格，也有第三种相对圆满的解决办法——采用中西建筑元素结合的风格。

为了适应首都不断增长的住房需求（南京的人口从1927年的360000上升到了1937年的1013000，目前的居民数量是664000），城市的西北、鼓楼北面以及中山大道以东的区域，建造了大片现代化的带花园的别墅，这里之前全部是农田。同时，人们大力采取措施建设和改善公共卫生设施，铺设了最早的排水系统，修建了自来水厂和发电厂，设置中学、大学以及科研机构，比如中央研究院博物馆——在艺术和自然科学领域拥有很多有价值的收藏。

人们极其注重扩建交通体系。凡是位于长江以南的江苏和安徽的重要城市，都修建了直通南京的公路。长江，在南京段最窄的地方有一公里，大型的海船也可以通航，如此便利的地理条件以及直接位于城北门易于扩建的港口，使得南京与其他地方的物资交流畅通无阻。浦口港——同时作为津浦铁路的终点，成为了与北方联系最便利的枢纽。同样的，南京与作为大米供应重要的城市——安徽芜湖也有铁路连接。与很多大城市明显不同的是：在南京的城墙以内还藏着一个巨大的机场，但最大的火车站——1908年建造的通往上海铁路的起点站，却位于城门外。

南京，自古以来基本是政府管理和文人墨客之城，没有值得一提的工业。所谓的南京布（Nakeens 南京土布），一种黄褐色、坚固的平纹棉布，已停止了生产；只有城西，尤其是汉西门附近的农户，还在用无数的织布机织造出轻薄的式样简单的棉布，但是这些棉布主要只是供当地农民自己消费。城东还有小规模的养蚕业，农民织造出轻薄无色的绸缎，可以用来做成夏装。而使南京几百年来享有盛誉的名贵绸缎的生产，却由于时代不利几乎完全被中断了。只有城西南还有一小部分的织布工人，在破败的小作坊里用古老而笨重的木织机织着"皇家的"华美而厚实的锦缎，其中，不带任何图案的黑色织锦的工艺至今都无法被超越。制作这种锦缎的细纱产自杭州，而粗纱产自南京。南京曾经值得一提的造纸和瓷器生产也不再有地位，只有制作扇子的小作坊还占有一席之地。

丰富的水资源使得城门外绵延着一望无际的稻田，旱地则主要种植小麦、玉米和大豆。鱼和禽类养殖范围很广，水西门附近有着最大的鸭市，冬天每天都有成千只肥硕的鸭子被赶到集市上卖，这已经是南京街道生活的最生动的一部分了。从事鸭子交易的基本上都是穆斯林小商贩。通过明火烤制的南京鸭仅次于闻名遐迩的北京烤鸭。

国民政府令人十分看好的建设工作，很大一部分沦为战乱的牺牲品，或是未能完成，或是未能实施。于是，今天的城市面貌到处都还带有未愈的战争伤痕。城市发展被突然中断，其踪迹随处可见，显露无遗，与之相联的城市与街道景象所表现出的不平衡和反差尤其引人注目。城墙内的很大一部分城区今天还与洪武年间一样：依旧是辽阔的未被开发的原野，一片片诗情画意的小竹林，农民的泥巴墙茅草房，精心地、如家园般耕种的土地和农田，数不清的池塘，山坡上远远的墓地。而与城北和城东的这种宁静、鲜见人家、几乎与世隔绝的景象形成鲜明对比的是拥挤和匆促的城南生活。那里尽管有一些新时代的比较宽阔的街道，但主要还是狭窄的、坑坑洼洼的路面，喧声鼎沸的巷子，灰瓦屋顶的房子，带着明显的中世纪的特征。最后，再到南京的新建居住区走一趟，或者从天文台向南望去，这时人们又完全会获得一个现代西方城市的印象。而当所有这些元素交织在一起时：人们可能会在同一条街上找到破旧的茅草棚、简单的中式瓦房和最现代化的、欧洲风格的多层楼房，它们直接相邻而立。

城中寺庙

鸡鸣寺屋顶[①]

① 应为“鸡鸣寺封火山墙”。

主殿的观音

鸡鸣寺大门

毗卢寺十一面观音

晨祷(药师塔)

毗卢寺内院

古林寺

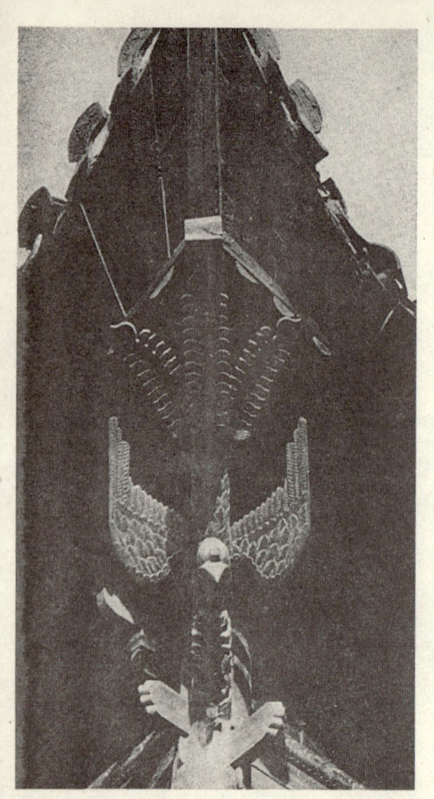

屋檐上的凤凰

墙壁上的小祭坛

古林寺内院

扫叶楼观景堂和善庆寺

清凉寺大门

外国坟山

靖国神社

汉西门清真寺

清真寺内景

朝天宫

大成殿

大成殿后面

崇圣殿侧面

御碑亭

飞云阁

雕花大门

门上雕刻

玄奘纪念塔

城中寺庙

唐代诗人杜牧在一首描绘南京的诗歌中曾写道:“南朝四百八十寺,多少楼台烟雨中。”这里的“四百八十寺”也许是诗人自由创作时的夸张表达,尽管如此,我们仍然可以确信,当时的南京在南朝[①](222—589)的保护下是佛教的中心,并且南京的庙宇和寺院在整个帝国内也是很有名气的。公元三世纪以来,来自突厥斯坦和印度的高僧大批涌向南京的宫廷,在城内外修建了大量的佛教学院,并伴随着对佛学典籍的翻译和传播,他们开始了一项辛勤的、与当时的精神生活截然不同的、卓有成效的活动。统治者自己不久也成了这门新学说虔诚的保护人,除了亲王和亲王夫人外,他们作为资助人也修建了大量的寺院。公元六世纪,在南朝梁、陈前期皇帝的统治下,佛教在南方达到了后世无法企及的繁荣。

在这座城的众多寺庙之中,没有一座寺庙像鸡鸣寺那样,使得那段光辉岁月依旧历历在目。它是在一座因面积和美丽而广受赞扬的庙址基础上建成的,而旧址则是公元 527 年梁武帝在这里兴建的同泰寺。根据它坐落于御花园北部尽头的位置,人们应该可以把这座寺庙称为“宫廷寺庙”,梁武帝当年就是到这座“宫廷寺庙”里进行祷告和斋戒;他亲

① 南朝指南北朝时期定都建康(今南京)的宋、齐、梁、陈,此处从时间上看应指六朝。

自为百姓主持祈神祭拜活动，举办有大批和尚、尼姑以及信男信女们参与的大型的信众法会，站在大殿的讲台上向僧众讲授经文。这位皇帝甚至曾多次将龙袍换为僧衣，受戒出家，“行清净大舍，素床瓦器”，并在寺庙中逗留了较长的时间，以至于大臣们只能通过大量募捐或是以巨额的钱财才能将他奉赎回宫。他将本国的或是印度的高僧以及远游朝圣的僧人任命为官员，与他们保持交往，并让他们担任自己的顾问。他有超过5000多卷佛学著作的书库，这是南京历史上第一个著名的佛学典籍收藏中心。虽然在统治初期，他自己是位严格的儒家，并以作为大量儒学著作的作者而闻名于世，但他对佛教的热情到后期甚为高涨，以致在公元517年下令，以后不准再用活物祭祀宗庙。公元549年的夏天，这位皇帝因侯景之乱被困南京城，在经历了残酷的惊吓后，以85岁的高龄在忧苦中活活饿死。他在位的48年是中国历史上最辉煌的时期之一，他自己也可谓是明朝开国皇帝之外南京皇座上最重要和最独特的人物了。

梁武帝还在世时，这座寺庙就因地震和火灾而几乎被完全摧毁了；被毁坏后这座寺庙得以重建，而且更加光芒四射，但不出几年又化为废墟。直至公元十世纪，一座新的宏大的寺庙建筑“千佛院”才在同泰寺故址出现，并一直保留到了宋代，虽然寺庙的名称有过几次更改。之后在十二世纪的战乱中，这一组建筑也未能躲过浩劫，而在蒙古人统治时期，这块寺庙的基地则成了处决犯人的刑场。

直到1387年，明朝的开国皇帝——他自己也曾经当过和尚，后来成为佛教的热情支持者，命人在这里修建了一座新的寺庙，也就是如今名叫“鸡鸣寺”的建筑群。洪武帝用这个命名纪念一则有关齐武帝的传说。相传南朝齐武帝（483—493）一天清晨前往紫金山打猎，在山丘上，也就是如今立起了寺庙的地方，听到了野鸡啼叫声，这被视为祥瑞之兆。曾经的刑场幽灵缭绕，“为治余魂滞魄”，朱元璋专门让人请了藏传佛教僧侣奉上了特殊的供品。法事在“供奉台”（施食台）举行，供奉台位于登上寺庙的途中，如今设为宝志住持——一位影响广大、会显神迹的和尚的岩洞和石台，他曾经是梁武帝的最高宗教顾问。这座明朝时期重要的寺庙，也是整个中国的八大寺庙之一，在太平天国运动时期毁于一旦，之后只有部分获得重建。除了几位道教神灵，这里主要供奉观音菩萨。景色的确令人称道：从东边的寺舍望出去，目光越过古老、雄伟的城墙和荷湖[①]宽阔的水面，前面是紫金山一座座威严的峰峦。

鸡鸣寺东面红褐色石灰岩的小山上，1944年建起了一座宝塔，以纪念中国历史上的一位最著名的僧人玄奘（602—664）。公元629年，这位朝圣者动身前往印度。其宏篇巨制《大唐西域记》记述了他16年游历的所见所闻，是我们了解当时突厥斯坦和印度的历史、地理、宗教、民俗情况的最重要的文献。通过这趟勇敢、成功的旅行，玄奘把600多部佛学著作带到了中国，此外还有许多珍贵的画像和舍利，至今

① 荷湖即玄武湖，下同。

尚存有75部著作是以玄奘的名义翻译的。直到玄奘664年圆寂,这位僧人始终承蒙唐朝君主的多方惠泽,包括提供资金充裕的译经场,召集一干杰出的学者、修辞学家和书法家,给予其翻译工作大力的支持。

史料记载,大约公元十世纪末,一位南京的僧人从长安即玄奘圆寂和下葬的地方,将这位大师的舍利子带回了南京。在这里,这些舍利子被埋到了古老的大报恩寺地块上,那是曾经矗立起南京著名的琉璃宝塔的地方。在1027年、1332年和1386年,这些舍利曾几次葬入一个特地修建的舍利塔中,每次都有新的还愿陪葬品。康熙皇帝在1684年还曾经拜访过这个地点。琉璃宝塔在南京的老地图上一直标志着,但在太平天国时期的混乱中被毁灭殆尽,从此似乎被抹去了全部痕迹。直到1942年末,南京的日军在报恩寺的旧址上施工时,撞上了玄奘的所谓墓塔。在继续小心地发掘时,人们在同一个地点又发现了一个石棺。这个石棺里,除了有铜器、瓷器以及300多枚八到十四世纪的古钱币之外,另外还有一个更小的石函。石函两面各刻有出自1027年和1386年的铭文。这里面,在一个早已严重塌毁的薄铜板盒里保存着人的头盖骨和耳骨;上面的铭文后来被解读为玄奘的尊称。在另外一个浇铸而成的小金属箱里,还有一个银色的小盒子,里面存有一尊精细的、黄金打制的佛像。盒子的顶盖上饰有部分镀金的双龙图案,顶盖边缘及盒子四面则以卷形纹饰作装饰。小盒子的两处铭文的落款时间都是1332年,并且铭文记载这是玄奘法师的佛像。如今,这位曾远游的朝圣者的舍利被保存在覆舟山(今小九华山)上用灰色砖石砌成的五层宝塔中。

在国府路的延长线上,公元十世纪的老护城河近旁,坐落着毗卢寺——“毗卢遮那佛寺”,是如今南京城区里最重要的佛教寺庙。它今天的规模始建于十九世纪末,其建设经费大部分来自湘军将领们慷慨的捐款,他们是在平息了太平天国之乱后,从曾国藩的军队中分拨出来留守南京城的。

正如寺名所示,这里供奉的主要是毗卢佛,一位无所不在、无所不知的神明。如阿弥陀佛一样,毗卢佛也不是真实的历史人物,而是中国佛教从沉思冥想的幻象中创造出来的神明。他头戴菩萨的五佛冠,展示的手印通常独特而令人印象深刻,表现出一种与其他佛像多为尊贵的姿态相区别的、虔诚投入和苦思冥想的稀有景象。他的塑像立于寺庙里访客不多的主殿中。这个大殿被近年的战事摧毁之后,仅仅进行了十分简单的重建,如今成了约 40 名僧人的饭堂。

这个大殿的后面是万佛楼,在它上面的楼层中有无数尊小佛像被保存在玻璃神龛中。它们成群地围绕着一座巨大的、精雕细琢过的八角形神龛,神龛的正中央矗立着一座高约 5 米的五层宝塔,里面供奉的是可以治愈病苦的佛,中文名为“药师佛”。这位神明也是宗教冥想的产物,并被尊称为“消灾延寿药师佛”。靠大堂的北墙端坐着一尊观音,她的灵效和多重的显现形式,体现在从她头部发出的灵光,被人们用彩泥描绘在了天花板上。

如今,从前几年战争的摧毁中完全修复起来的,只有原先毗卢寺的四分之一,即寺庙东翼的建筑。它们被改建成了一个封闭的、自成一体的寺庙。入口处,巨型的哼哈二将以威赫的姿态守卫着这座寺庙。这两个中国古代传说中具有神奇力量的民间斗士形象,被中国的佛教徒用作了寺庙的看门人。

紧接着的一座大殿,矗立着四大金刚——佛教强大的守护神;在他们中间,面朝南方,大肚子的弥勒佛面带笑意;转向北侧,可以看到全副武装的韦陀,他本是印度教的神明,后来被接纳为中国佛教众神的护法神和四大天王等神将的首领。

在主殿中,释迦摩尼端坐在莲台之上,位于他右侧的是阿弥陀佛,又称无量光佛和西天极乐世界的佛教主;而位于他左侧的是药师佛。在主台背面的是观音菩萨通常的形象,即她立于鱼背之上,带着救赎渡海而来。在周围的边墙上排列着的是十八罗汉。

接下来是个小院落。在它的西面,有一座殿堂,里面供奉着南宋时期神通广大、又很乐于享受生活、嗜酒的和尚济癫,一位中国民间的僧人形象。在对面的殿堂里供奉的则是地藏菩萨,是地狱中罪苦众生的救世主;他端坐着,手持发光的宝物,以此照亮在地狱的黑暗中受苦的灵魂。

朝北方向连接着一座先前的图书馆(藏经楼)。如今这里靠北墙立起一尊几乎高达10米的十一面观音像。她是由一位日本雕刻家花了5年时间、用一根直径达两米的巨大树干直接雕刻而成,1941年,一位名古屋的日本商人以日本所有佛教徒的名义,将这尊雕像赠送给了中国的佛教信众。这位菩萨将其仁慈的、警示的、愤怒的面容分别转向四方的天空,以此为所有的生灵指出解脱和救赎的道路。在她的头上端坐着阿弥陀佛。

在西康路附近,新居民区北边,依着马鞍山容易攀爬的南坡,坐落着古林寺。古林寺的历史可以追溯到1584年,当时一位名为古心的僧人将原先那里名不见经传的古林庵扩建到了如今的规模,并且将其发展成了最重要的律宗受戒寺院。

古心1541年出生于南京城以南50公里的溧水县,年纪很轻就进入栖霞山上的大寺庙剃度为僧。由于他不满足于这里宣讲的"万物皆空"论,从而转向律宗。律宗是得道僧人道宣于公元七世纪,在位于陕西西安东南方向的南山创建的。这一宗派不太注重静思冥想,而是强调对佛经的研究,尤其是那些关于僧人戒律(毗奈耶)方面的内容,要求僧人严格遵守这些古老的戒律。

这座由古心在南京创建的寺庙不久就被誉为"中兴戒律第一祖庭"。从这里还"生"出了众多重要的大规模"子"寺庙,其中以位于南京城东40公里宝华山上的隆昌寺、北京西山的戒台寺最为有名。

这座寺庙自从遭受太平天国时期的灭顶之灾后,便再也没能复兴起来。寺庙只是得到了部分重建,而十九世纪末修整的一部分建筑又已经逐渐倒塌了。主院的厢房如今成了士兵的营房。有一座大殿里立着一尊释迦摩尼像,佛像四周围着十八罗汉。穿过这座大殿往后走,人们可以登上大悲楼,在这座楼最上面的楼层里保存有出自十七世纪末的佛经集。在北面毗邻院子的一个房间里,玻璃神龛里还保存着对于这座寺庙的历史极具启示意义的历代住持的谱系图。

时至今日,这里几乎每年都会举行一次盛大的三坛大戒法会。这个法会持续53天,分为三个阶段。其中初坛和三坛在主殿中举行,而二坛则是在寺庙西北部的一座本是戒坛的大殿中进行。目前这里生活着约40名僧人。

自古以来,这里因古木成林而闻名,正因如此,这座寺庙也以古林寺作为寺名。长久以来,这座寺庙为众多的鸟类提供了栖息之所,并且今天也有这种说法,即"凤山"上——正如寺庙所在的山之称谓——"百鸟朝凤"。但是自从太平天国时期的恐怖之后,那百年前还在橡树、楷树和梓树高高的树冠上筑巢的成群的大白鹭和中白鹭就再也没有归来过。

从古林寺转向西南方向,穿过一小段田野开阔地,就到达了南京城最高的山地之一——清凉山。这里有曾经很重要的寺庙清凉寺的遗址。山坡南面的整个凹地曾经被寺庙的建筑物占满,如今那里一片废墟,或是变成了农田。这座寺庙的历史可以追溯到公元十世纪初,并且因文益禅师(卒于958年)在佛教历史上具有重要意义。文益禅师在此创立法眼宗,为中国佛教禅宗五家之一。这一派在整个宋朝期间都处于鼎盛状态。如今,只剩下两间简单地修缮过的大堂,由一名僧人管理着,作为当年这群寺庙建筑残留的影子。

去谷地西面的山坡顶上看看孤零零的、被遗弃的善庆寺也是很值得的，因为那里视野开阔，可以望见江边大片的土地。在东边的山丘上，坐落着十九世纪末修建的小九华寺，是供奉地藏菩萨的。这位引领众生脱离地狱的黑暗和痛苦的菩萨的主道场，则在安徽池州的九华山上，位于南京城东南方向200公里。因而，为这位在江苏西部和安徽民间特别盛行的神灵修建的寺庙，通常会被命名为九华寺。在入口处大殿左侧立有灵官像，他是这位菩萨的护法神和助手，右手挥剑示威，左手握紧手指呈祈愿姿势。左脚踏风火轮，令他“走火般威猛，行风般迅疾”。第二个大殿里则立有观音像，在这里尤其是被当成送子观音供奉着。众多由彩色泥塑娃娃被作为祭品放在送子观音神龛前的祭坛上，他们的脖子上都挂着草圈，这些是那些祈求孩子平安的妇女们挂上去的，以便用这种方式——取其寓意——把孩子“拴在”自己身边。接下来的是阴曹地府的主宰者地藏王下属的十殿阎罗的大殿。最高处是这座寺庙的主殿，里面供奉着这位菩萨的四种形象。在多个侧殿中还供奉着不同的道教神灵。从主殿的台阶上眺望，城市西南方向的盛景尽收眼底：有暗色调的、伸展得很远的舞动着的城墙带，还有画一般布满平房瓦屋的秦淮两岸。而站在这个最高的寺庙庭院的东门，尤其是在日落时分，展开在眼前的则是最为壮观的紫金山风光。回到清凉山，这里的山顶曾经坐落着为古代诗人广为吟咏的南唐君主们的避暑行宫，其最后的痕迹已因新近修建的自来水厂而消失殆尽了。

南京最大的寺庙建筑群是孔庙——朝天宫，它位于南京城西南方向，矗立在水西门附近绵延的山丘上。洪武帝于十四世纪末命人在鸡鸣寺南部的鸡笼山脚修建的庞大孔庙，被太平天国完全毁坏。之后，李鸿章又在1864年命人在现在这个地点修建了如今的建筑群。白色的大理石装饰着宽阔的庭院，高耸的两重檐殿堂以产自南方的珍贵木料修建而成，其屋顶都是用江西景德镇的御窑烧出的黄色琉璃瓦铺就，熠熠生辉，令人瞩目。本来，在新的时代，应该又可以在这些宽广的中庭和殿堂举行盛大的典礼，纪念这位中国的圣贤。但这里的建筑物大部分都已坍塌了，亦或挪作了军事用途。先贤殿后面有一座小凉亭，位于这群建筑物的最后方，同时也高高立于这个早在公元前就开始有人居住的山丘的顶端，提供了一个眺望这个城市的最全最美景物的观景点。

像南京城的佛教寺庙一样，这里的道观同样出名。在这座城市的编年史中，也能够找到许多道士、真人和炼丹师的名字，他们在道教的历史中赫赫有名。可并没有什么特别值得称道的道观被保留下来。最古老的、同时也属于最重要的一座道观——仙鹤观，坐落在南京的东面，洪武帝古城墙的仙鹤门附近，其历史据记载可追溯到汉代，在十九世纪就被毁坏了，它的废墟到今天还凄凉地躺在那里。

值得一提的还有分布在整座城市中的、约3万人的穆斯林团体的清真寺。它们的历史可以追溯到1388年，当时修建的第一座清真寺净觉寺在水西门附近。时至今日，虽然伊斯兰信徒分布在整座城市中，但水西门和汉西门前的城区仍然是南京的穆斯林区。穆斯林们具有突出的集体感,通常只与相同信仰的成员通婚,拥有自己的婚葬礼俗,以整洁和擅长于经商而闻名,他们也有自己的餐馆,并且在几乎所有其他的工商业分支中都有自己的商人和手工业者。这些穆斯林的大多数都来自甘肃省的中部和西北部。1436 年,约有 500 户穆斯林家庭从那里迁移到了南京。十八世纪初,有一位最重要的穆斯林学者刘智在南京生活,他在清凉山上隐居了 10 年,将伊斯兰教的重要著作从阿拉伯文翻译成了中文,并为之撰写了注解,提供了理解典籍的重要基础。

园 林

上扫叶楼的阶梯

半亩园围墙

胡园入口

园内花墙

园内假山

莫愁湖胜棋楼

胜棋楼

西园

园　林

疲于为政，倦于效命，
试问，我等为官之人，
怎能辜负大好春光，
滞留在这北国帝京？
怎能不去绿野之中，
怎能不临清流之滨，
把酒开怀，提笔赋诗，
一首一首，一樽一樽。

歌德的诗句，恰如其分地描绘了南京和苏州城里衣食无忧、有教养的社会阶层在明代和清初的生活方式。这两个城市直至太平天国起义为止，都是达官贵族们青睐的居住地。他们在这座"南方的都市"里，远离北方皇城官府的喧嚣和忙碌，与艺术家和学者们交往频繁，精神充实，享受着平静与闲适。有一部古书里曾经这样写道："若非出自南京或苏州，便无所谓美，无所谓好，无所谓可爱、优雅和品位。北京，这座京城，在所有品味和消遣方面，均没有发言权……南京是文人、学者、医生、古玩家、画家、音乐家、舞者和名妓的京都。在这座迷人的城市里，有许多科学、艺术和消遣的学校；因为在这里消遣被当作一种艺术和科学……这个国家清闲的富人们轮换着往南京或苏州跑，在这两个城市画家的画室或是学者的书房里消磨他们的时光……江南在某种意义上就是中国的意大利，那里生活的主要内容是爱和诗……南京的女人不仅是中国最漂亮的，而且也是最优雅的。”

在这样的财富背景和舒适生活的条件下，在南京那些贵族、退休官吏和文人的宅邸中，出现了非常有艺术品味的私家园林。但它们全部被太平天国起义席卷扫荡。曾经华丽的园林，如今只余下些断垣残壁，令人难以想象它当初的辉煌。

南京最大的、也是最著名的园林位于城市的西南部，其历史最早可以追溯到十一世纪。它在明朝时期被加以扩建，成为织造府皇家监管者的“西花园”，太平天国之乱前不久被转到胡氏家族名下。大量同时期的文献描绘了这座园林的宏大与美丽，赞叹园内无数小型的建筑手笔、老树古木、覆瓦的游廊、或隐或现的花径、石洞和假山，从山石中，“发出琴瑟般低鸣的瀑布打着旋儿流入了小池塘里”。如今，这座园林已经荒废，在那些艺术山石之间搭建起一片片简陋贫寒的民房。

在城市的西部，清凉山的西南斜坡上，沿着石阶向上走几步到达一个坡顶，就来到明朝画家龚半千[①]为自己选中的居住地。这里小型的、优美的前庭，令人想起梦幻般的寺院花园，因为它，这座宅院于是得名“半亩园”。又因这位艺术家以一张画成名，画上表现了一个和尚在扫秋叶，人们一般

① 龚半千即龚贤。

便会称其住所为“扫叶楼”。日落时分，从这里僻静的平台可以看到山脚下的城墙如画般的风景，城墙身后，帆船高矗的桅杆在秦淮河上滑过；城西南那边是孔庙[①]黄绿相间高高的屋顶以及长江边开阔的土地。

南京城边的西南角，在人们一再歌咏的莫愁湖南岸，明朝的开国皇帝让人修建了一座娱乐馆，闲暇时，他常在馆内的主厅与他最重要的将军徐达对弈。有一次，徐达赢了他的主子，这位皇帝就将这片湖连同地产赐予了他。如今，这个位于小庭园末端处的胜棋楼还纪念着这一往事。从胜棋楼的最高层，人们望见莫愁湖满池荷花，满眼的绿色，紧挨着湖水的稻田和农舍一片静谧，背景是顺着城西的丘陵凛然蜿蜒的古城墙及江边的一连串山峦。这景色也在“金陵四十八景”之列。在胜利结束对太平天国反叛者的征战之后，曾国藩令人将被毁坏的地点重新修葺起来。如今，这些建筑颓败严重，部分被作为校舍使用。这片湖的名字取自公元五世纪的美人“莫愁”，她当时就住在这湖边，在这城墙之下，受到皇帝和诗人们的爱慕和传颂。

城里城外一大批规模很大的园林在现代化道路的建设过程中被最终毁坏了。广州路两侧绵延的山丘上曾经有一片很开阔的诗人袁枚的花园。他是十八世纪最重要的中国诗人，同时也是他那个时代最具创造力的天才之一。他曾在一篇引人入胜的小散文中描绘了他的花园的故事及其历历

---

① 这里的孔庙指朝天宫。

美景,包括那些凉亭、楼阁、幽径、小溪、拱桥和池塘,而这一切如今已无迹可寻。诗人的墓地孤寂寥落地躺在道路南面的一座小山上,只剩下农舍旁一块很小的牌子还标记着他的花园所在。

其他众多的亭台楼榭,在十九世纪中叶被毁之后也仅是部分得到了重建,并且成为政府部门办公的场所。如今监察院[①]里大面积的、如画般的池塘,还能让人想象到当年那位丞相宅邸的美景。池塘上的石舫出自太平天国时代。这里几年前还是立法院所在的地盘,曾是李鸿章的一座花园。它是许多有争议的庭院之一,据说小说《红楼梦》那些花花世界中的情节曾在这些庭院里上演。

中国久已闻名的园林曾经作为十八世纪欧洲一些园林和公园建设的蓝本。洛阳和杭州,十五世纪以来的南京和苏州,是园林艺术最重要的保存之地。可以肯定,从早年前往中国的游客对南京园林痴迷地描绘中所激发出来的某些灵感,也在德国同时代构建的园林中得到了体现。

① 汪伪时期监察院设在长江路292号原国民政府大院内。

南门前

南门外

报恩寺香水河桥

1428年的纪念石碑

报恩寺碑座

普德寺

普德寺园墙

普德寺庭院

五百罗汉堂(万佛楼)

天界寺

韦陀像

邓愈墓

石人

牛首山砖塔

南门前

众所周知，南门前，如今纵横交错地建起了狭窄而又热闹的街巷的那个地带，与现在的夫子庙所在的坡地一起，是南京最古老的、早在公元前就存在的居民点。据推测，当年佛教由北而来跨过长江，最早便是在这块土地上落脚。公元三世纪中期，在这样一片佛教早期聚居地的废墟上，立起了一座寺庙，它是南京第一批有记载可寻的寺庙之一。这座寺庙从建造伊始就有一座宝塔相伴。尽管命途多舛，宝塔仍得以一次又一次地被重建。1412 年，当永乐皇帝下令重建这座几年前刚刚毁于大火的宝塔时，它开始闻名世界。19 年后宝塔竣工，当时的欧洲人便将其誉为一大世界奇观，而在中国人的眼里，也只有长城能与之相媲美：这座琉璃塔的外墙和内壁上，都披着上了彩釉的瓦片，大多数是绿色、金色、红色或者白色，另外有些细小的地方也用琉璃做了精致的点缀。闪闪发光的釉彩使宝塔声名远扬，并且让这座高达 75 米的巨大建筑看上去却显得很轻盈。这座八角形的高塔共有九层，底层很高，有圆形的回廊环绕，向上还有八层，然后是塔顶和高耸的塔尖。塔身每一层都有供观赏的环形画廊，从屋檐下翠绿色的琉璃栏杆边向外眺望视野极好，近处的城市、宽阔的大河、高耸的山丘以及山脚下大片的寺庙旧址，美不胜收。塔身每一层还有四面内墙，由雕刻过的石板装饰而成。角梁下几百只风铃在风中叮当作响，几乎同样多的灯笼会在节日里亮起，使宝塔熠熠生辉。

这件“东方建筑艺术最丰富、最完美的杰作”，成了太平天国起义军毫无意义的毁灭欲和怒火的牺牲品。很可能是在1862年，他们使用了炸药，把这座光彩夺目的建筑化为一堆废墟。如今，在琉璃塔屹立过的地点，已无片瓦可寻，无以追忆当年。曾经开阔的、树木繁茂的寺庙地界，如今覆盖着一张杂乱不堪的网——极为狭窄的弄堂、肮脏的房屋、简陋的茅舍相互交织铺展开来。一处遗留的殿堂如今成了学校，因为前面加盖了现代建筑而被破坏得面目全非；一座可怜的、被胡乱踩踏的大理石桥废墟，沦落破败；两只衰颓的大石龟缩在两个后院里……唯有这些，还在向寻访者透露着古老恢宏的大报恩寺地界的踪迹，这里曾经屹立着举世闻名的南京城标志性建筑。

主街向南连接到一个微微高起的坡地，坡地向东西方向伸展，护卫着这块小城郊。这片丘陵以“雨花台”的名字而闻名。传说公元五世纪的时候，云光法师在山丘的最高处设坛向500名信徒说法，天上突然落花如雨。于是在随后的几百年里，这块受庇佑的福地上涌现出了众多的寺庙与墓葬。遗憾的是，绝大多数寺庙和墓葬都在太平天国起义中被毁得再也无法完全复原。坡地的东部有一些寺庙的残迹，这些寺庙曾经香火鼎盛，如今早已被人忘却，破败不堪。其中唯一还会被人提及的，可能只有高座寺。这座寺庙的历史可以追溯到公元四世纪初，由一位印度僧人所建。紧挨着这个寺庙，有许多残缺不全的墓，其中有一座是著名学者方孝孺的，这位一心忠于明朝第二位统治者的大臣，却在1402年因为他的忠诚而遭受酷刑，最终连带全家一同被杀。

寺庙和墓葬的遗迹散落在通往芜湖的路途两边，一直延伸到这个山丘的西面。保存相对比较好的是建于十五世纪中叶的普德寺遗址。寺的大殿里是一尊释迦牟尼像，雕像四周立着五百罗汉，姿态表情各异，非常具有观赏性。寺庙最深处的殿堂里，有一尊站立着的阿弥陀佛像，这在佛像中并不太常见。一片隐秘的小竹林，装点着寺院的庭园。两只巨型石龟，提醒着人们这里往昔的地位，尽管它们背上的石碑早已四分五裂，碎落在寺庙前的农田里。

向西走几步便来到了天界寺。这座寺庙起初建于城内，大约在十四世纪末的时候毁于一场大火，之后改在这里重建。寺庙建筑如今破败不堪，但其历史意义却非同寻常。明朝初年，有关元朝的编年史①正是在此编撰的。天界寺的对面是碧峰寺，一座古老的建于四世纪的尼姑庵，如今已变成了一片农场。道路两边还有一些明朝初年将领的墓葬遗迹，其中最有名的是卫国公邓愈墓。作为明朝开国皇帝身边最有名的四大将领之一，邓愈不仅击败了黄河上游忠于蒙古人的少数民族部落，还平定了北部边境的战乱，可谓功勋赫赫。

从新建立的抗战纪念碑眺望南京和周边的乡村的美景，然后沿着马路继续向前，离南门17公里的地方，便是牛

① 指《元史》。

首山248米高的双峰。山腰南侧是已成废墟的普觉寺遗址。这座寺庙曾经十分兴盛，其历史可以追溯到六世纪上半叶。一座唐朝时期建造的、约20米高的七层砖塔，以及一座相对小些的、宋朝时为供奉一位隐士圣人（辟支佛）而建的四边形塔保留了下来。几年前，整个寺院还隐没在一片极棒的树林中，而如今，这里已被砍得只剩下些树桩了。

在美丽的山脊上继续向南漫步半小时，便可来到幽栖寺。这座坐落在祖堂山山脚深幽宁静之中的寺庙，以其颓败之态，成为南京周边最浪漫的庙宇。它的历史可以追溯到公元459年，公元七世纪法融法师在此创立禅宗的一个支派"牛头宗"，从此以后，这座寺庙便闻名于世。牛头宗鼻祖曾经悟得心法的那个洞穴，如今仍可在僧侣们的指引下见到。从居室门前的走廊上向外望去，眼前是南面开阔的、蜿蜒起伏的丘陵地带。

明故宫

明故宫东安门[①]

① 应为东华门。

明故宫午门

① 此旧桥实为西安门外杨吴城壕上的玄津桥。

明故宫旧桥①

明故宫残碑

明故宫护城河

明故宫凤凰石

明故宫

自十四世纪中叶起，众多的中国民间组织反抗蒙古人异族统治的起义此起彼伏。1356 年，29 岁的朱元璋、这个当过寺院小和尚的农家子弟，成功攻占了南京——当时还叫“集庆路”的一个县城[①]。同年，他在此自封吴王，把他的都城命名为“应天府”(顺应天命之城)，并以此为起点，开始了他打下整座江山的辉煌征战。十年之后，在一帮出色将领的协助下，他基本上实现了这一目标。

在此期间，这位决断果敢而且精力充沛的统治者已经下令，在他执政的地方兴建重要的场所。然而，老城的规模远不能满足他宏大的计划，于是，他通过一座庞大的城墙把旧城扩大了两倍。他并没有住进南唐君主的宫殿，虽然这个十世纪中叶的建筑保存了下来，而是下令在新开辟的东城开阔的土地上重新建造了一座皇城。

1367 年，距离朱元璋建立明朝、以洪武为年号登上皇帝宝座一年之际，这一系列的修建开始动工，并于整整七年之后才大致完成。这些建筑被划分为一个宫城和一个包围着宫城的延展开来的皇城，两者都有宽阔的护城河以及高大的城墙环绕着。

① 集庆路，元时行政区域名，相当于明清的府，集庆路的治所在南京。

皇城呈一个大矩形，北面一直延伸到今天黄埔路北头的军事学院坡上；在皇城的西面，人们把十世纪开挖的旧护城河改成了平行的土墙与护城河；而在东面，皇城的边界则紧挨着南京城墙；南面皇城墙在通往如今的中山门主干道南侧约500米的地方延伸。从这里有一条宽阔的皇宫大道通向皇城的南门——洪武门，它位于今天的光华门前大约500米的地方。把围住御道的城墙算在内，皇城的总周长计有近10公里。

宫城，也叫紫禁城，周长3公里，共有8座城门。在南边入口承天门前，有叫作五龙桥的5座大理石拱桥。经过端门再往前500米，才是宫城的主城门——巨型的午门，由高耸的木制结构支撑。接着是一个又一个宽阔的大理石庭院：光亮的大理石平台、雕刻精美的石栏、高高的门槛和宽敞的大殿，有着流动线条的黄色的大殿屋顶。建筑中使用了来自南方的珍贵木材，为了将皇宫建造得辉煌雄伟，这位自有不可动摇的大气度意念的统治者不惜代价。宫城的南部用来举办各种宫廷仪式，北部是些较小的庭院，作为皇帝私人起居之用。

然而命运似乎已经注定，这个宫廷的所有华彩均以最紧密的方式与其建造者个人联系在一起。

明太祖驾崩仅四年，这座宫殿就在一场悲剧性的继位争斗和混乱中毁于熊熊烈火。年轻的建文帝为了不让皇位完好无损地落入其叔父燕王手中，在穿上袈裟戏剧性地出逃之前，亲自命令纵火。而马皇后①则觅死于烈焰，以避免身受迫害。

① 为建文帝朱允炆马皇后，光禄少卿马全之女。

燕王率军进驻皇城之后，对皇帝的臣仆进行严厉的处罚。近千人被处死或被折磨致死，包括那些无辜的家属、妇女和孩子在内。随后，他在自己父亲的墓前举行了一场隆重的祭祀仪式，并作为明朝第三任皇帝，以年号永乐登上皇位。

这位新皇帝应该是让人对这座宫殿进行了部分修缮，但是，由于他之前长期居住在北京[①]，感觉自己与北方联系特别紧密，与他所肩负的尚未彻底完成的北疆的保卫任务联系紧密，于是便下不了立南京为永久首都的决心。加之他在夺取这个城市过程中的残忍手段，殃及到众多居住在这里的家庭，他在南京就很难得到响应。执政后不久，他就开始把部分官员调往北京。从1409年起，这位统治者大部分时间都住在“北都”，而把“南都”交由他的长子掌管，命他为监国。那座永乐帝下令在北京建造起来的皇宫，无论是在规模上，还是在个别建筑的排列与命名上，与南京的皇宫几乎如出一辙，周长也只比南京的大出几米。北皇宫建成之后，宫廷迁到了北京。但在整个明朝期间，一直有一部分最高级国家官员继续呆在南京，以至于人们在几乎300年的时间里始终冠冕堂皇地谈论两个国都。在这个时期，重建的南京皇宫成为皇帝的监国——一般为宦官——及其机构的驻地。以致于皇帝们访问这个南都时，都下榻于城里的其他地方。

直到1644年，当满人占领了北京城，并作为这个国家

① 当时称北平。

新的统治者在那里定居下来，南京的皇宫才再次、亦是最后一次成为一位皇帝几个月的寝宫。福王，明朝一位逃亡的皇子，曾经企图在南方将明朝延续下去。他占居了南京的皇宫，并在此自立为皇帝，年号弘光。然而这位大家族的后代弱不堪言，他那段并不光彩的统治没过多久就走到了尽头。1645 年 6 月初，满人的军队尚未到达南京的城墙前，这位皇帝便已逃之夭夭，整座城池没有抵抗就投降了。

4 年之后，南京变成了一座军营之城，军队驻扎进了皇宫的建筑。1659 年，通过将皇城西墙垂直向北延长，直至太平门附近，向南则一直往城墙延伸，到通济门附近，洪武帝所建的东城与其余的南京城被分隔开来。

直到十九世纪中叶，这座古老的皇城和宫城即便不再有先前的璀璨光辉，但依然保留下了它最为重要的建筑。但此后，南京却经历了其充满变迁的历史中最可怕的一次墙内血洗。从今天天文台山坡上的“天堡”出发，太平天国起义军从北面涌过来，冲进这座“鞑靼人的城市”[①]，将生活在这里的两万满人，连带妇女和小孩，悉数残忍地杀害，并席卷和焚烧了皇宫。“我们杀光他们所有人，包括怀抱中的婴儿，不放过一个又会长大成人的幼崽。”

这座皇宫再也没能从这场难以想象的劫难中恢复。在太平天国被打败之后，有些满人应该还在原来皇宫的废墟上修筑搭建，用于居住。但是就连这些，也在 1911 年推翻满

① 即清军驻防城。

清的革命中被焚为灰烬，从此万劫不复。

如今，在当年洪武帝的皇城和宫城的地界上，是一片广袤农田、一座机场、一些训练场、学校和军营。皇城从前的六座城门中，只有西门还留下了一堆废墟。它前面有一座玄津桥，跨越皇城宽阔的护城河的三个大拱是早前的构件。当年绵长的围墙，已全无踪迹可寻。在布满废墟的豆田中间，矗立着南门——即午门巍峨的中段，以及近旁的东门，作为宫城耸立着的残迹。午门的北面和南面，门内外皇城护城河上的五龙桥身上的大理石石拱在农田的土块中闪着亮光。几年前还竖立着的西宫门以及供奉土地和果实之神的神坛，成了机场建设的牺牲品。那些宏伟的皇宫殿堂，如今只剩下一些巨柱的基座，这些一人高的柱脚，四散躺倒在地上。在午门附近，有一些切割过的大理石石片堆积在一起，还显露着它们早前的美丽微弱的余光。殿堂和皇宫围墙的大片砖瓦，如今散落在南京各处。在遭遇了太平天国时期的毁坏后，这些砖瓦成为重建城市房屋和庙宇的抢手材料。

紫金山

明孝陵全景

南京—杭州公路旁墓地南门(神烈山碑)

四方城

神道文臣

石兽全景

石象

骆驼

石阶

① 实为方城明楼。

皇帝陵碑楼遗迹（明楼）[①]

陵内墙壁

陵内旧雕刻

陵内阶中石刻

明孝陵旧雕刻

明孝陵旧雕刻

中山陵

祭堂

中山陵园

灵谷寺树林

国民革命烈士祠

无梁殿

纪念塔

宝公塔

宝公像墓石

灵谷寺内院

西院

东院

运动场

音乐台

中山王墓

石人石马

阳山碑材

明朝未完工之碑座

碑座之近景

紫金山

“帝王之宅”—— 第一位明朝统治者这样称谓紫金山及其周边。

没有这座山，也许就绝不会有南京。自成一体的山体、霸气的山势的和大气的山峰轮廓，散发出一种充满活力的宁静、沉稳与威严，当然，也一定曾给予最早来到南京这片土地上定居的人们以安全感。其在城市和风景地貌中的突出和统领的地位，让紫金山成为这座都市的天然地标。山脉的页岩层与砂石层透着隐隐的紫色，尤其是在夕阳的霞光中，发出一种高贵的灰紫色光芒。

犹如这座城市的一个霸气的守护者，紫金山绵延沉稳地盘踞在南京城东面的几座门前。自古以来，中国许多伟人的灵柩安葬在它的守护之下。位于山的西南脚的梅花山，很可能藏有南京的第一位统治者吴王孙权（222—252）的陵墓，他在公元 229 年最先将南京设为自己的都城。我们知道，在山的南麓曾有大量其他的六朝时期（222—589）的帝王陵墓，如今都寻觅不着了。那个时期的史书还记载了紫金山曾建有不少于 70 座的寺庙。

1381 年，明朝的开国皇帝选择了紫金山南麓的独龙阜作为皇陵。仅于次年，皇后去世，便下葬于该陵墓的穹顶之下。据推测，洪武帝 1392 年早逝的长子，同样被安葬在这里。6

年之后，1398年夏，明太祖自己也安葬于此。

明孝陵的墓道长近4公里，是大规模的此类皇陵的第一座，为著名的北京附近的皇陵效仿的样板。墓道起于中山门前，挨着通向汤山的公路，那里最初的凯旋门拱[①]至今还架在马路上方。一座霸气的石碑立在高高的石基上，它宣布禁止在皇陵区域内狩猎和伐木。墓道从石碑出发，向北延伸，直至大金门。在这里，靠近宽阔的现代军用公路，立着一座厚重的砖石建筑的遗迹，连同一块差不多10米高的大理石碑，永乐皇帝1413年在这块石碑上向后世颂扬明朝第一位统治者——他父亲的“神功圣德”。

距此不远，墓道陡然拐弯向西，经过一座小桥，便来到了由许多石像装饰的神道。24座动物石像、8位高官石像，按照次序，两两伫立在神道两侧。这些石像都比真人和实物高大，由一块块完整的灰白色石灰岩凿成，赋予通往陵寝道路以神圣庄严之感。

神道两边的这些石像，很少甚至完全没有遭受太平天国起义军的破坏。相比之下，陵墓周遭的所有建筑全部被毁。曾经的享殿、厨房、祭祀动物用的屠宰场和置放仪式器具的房间，如今仅剩下只砖片瓦以及石阶和基座的残段碎块，留给人一点大致的想象，猜测当初这里的宏大与美丽。方城基座宽64米，高15米，由霸气的石灰石拼接建造，具有清晰、充满力量的质朴风格，作为明朝早期建筑艺术的最重要的纪

① 指下马坊。

念物之一留存了下来。曾经作为基座之冠的明楼,只剩下残垣断壁,而皇帝的墓碑,则已无迹可寻。

一片稀疏的橡树林装点着这座埋着皇帝尸骨的陵墓山包。由此远眺,山峦相连,隐没在远处的天际。山脚下是这位伟大的统治者曾经选作自己首都的城市。

明孝陵往东不远的地方,在高高的山脊上,孙逸仙的陵墓亮色的花岗岩隐约可见。这位中华民国的第一任总统[①],1925 年 3 月 12 日在北京逝世,并于四年之后,即 1929 年 6 月 1 日,在陵室里举行了隆重的下葬仪式。

这座由中国建筑师设计和建造的陵墓,在建筑风格上融合了中西方元素。一座书有"博爱"二字的高大牌坊开启了一条 500 米长、40 米宽的墓道,墓道两旁是绿地和数排高大的柏树和银杏树。这条路从陵门向上,穿过立有逝者纪念碑和墓碑的碑亭,登上 8 个平台、数百级台阶,到达祭堂。祭堂里有一座总统坐着的雕像,内壁上刻着孙逸仙的政治纲领及遗嘱。北墙上的那座门锁住了苍穹拱顶的墓室,其中安放着这位新中国缔造者的灵柩。

从最上层的平台向南远眺,山前的平地微微起伏,被绵延的山丘环抱着:青龙山与黄龙山、方山经火山喷发形成平顶、土山低矮却又独特的帽子顶,以及围绕着牛首山的岩石山丘。陵墓郁郁葱葱的大片树林,是想要扩建成国家公园的,这里已经修建了前景非常好的科学和文化设施、新居住

① 孙中山先生为中华民国第一任临时大总统。

区和学校，以及很大一片伴有大型建筑的运动场地，所有这些都成了战争的牺牲品。

灵谷寺坐落在紫金山东南麓的山林深谷之中。这座寺庙的建筑直到1381年一直位于在现在明孝陵的区域。那是公元514年宝志住持辞世时，梁武帝在一座更加古老的寺庙地基上为他建造的一座寺庙。在下令修建皇陵时，明朝的第一位统治者让几千名战俘将该寺庙连同一座五层宝塔一起向东迁移。在一片古老的、当时显然十分颓败的梁代寺庙基础上，这些建筑于同一年被重新建造起来，并从此得名灵谷寺。灵谷寺在它最繁荣的时期，曾有上千名和尚在此居住，称得上是中国最大最著名的庙宇之一，可惜也被太平天国的起义军烧毁，只剩下残垣断壁。之后，这片寺庙地界荒废了几十年，被杂草覆盖。如今，这里修建了当代中国风格的建筑，成为中国国民革命阵亡英雄的纪念地。

特别值得一提的是一座雄伟厚实的两层砖石建筑，人称无梁殿。这类建筑出自明代，尤其是万历年间(1573—1620)，风格保存于中国的许多寺院。新的研究推测，灵谷寺的无梁殿可以被视为中国所有这类建筑的鼻祖。早在1324—1327年间，来自法国阿维尼翁的传教士按照10—11世纪时期法国南部的大殿教堂的风格，在此修建了这座无梁殿，作为一个法国方济会修道院的教堂。那时，在蒙古统治者的庇护下，基督教布道在长江的南部也十分兴盛。元朝末年，基督教的影响力日渐式微，这座荒废的修道院教堂被明朝第一位皇帝纳入了他所建造的灵谷寺中。后来这座大殿逐渐坍塌，有些地方又遭到太平天国起义军的毁坏。1932年，大殿经过一些改动被重新修建起来，并从此成为国民革命(1927)阵亡英雄的烈士纪念堂，烈士的名字刻在了内壁的石板上。

如今灵谷寺的这些建筑，起初只是一个小的附庙，用来供奉掌管降雨的水神“龙王”的，因此也叫龙王堂。这几个寺庙院落静卧在茂密的阔叶林中，与世隔绝。谁要是在早春四月穿过这里的一座座庭院，当玉兰树最后一丛大花朵飘落，山丁子花在春风中铺满了石板路，山茶花泛着朱砂般的红色，第一批芍药花的花骨朵绽放得出奇的艳丽，谁便能感受到这里惬意的宁静，这种宁静在南京其他任何一座寺庙都找不到，仿佛属于另一个、似乎被遗忘了的世界。

从古老的寺庙向西北走几步，可以看见宝志住持的墓塔，这是梁武帝时期的宫廷中享有最高神职名誉的僧人。这座五层的宝塔曾经位于英雄纪念碑里现代纪念塔的地方。如今墓边的石碑只是保存下来的古物的仿制品。石碑非常有名，因为据说它是唐朝初期3位最伟大的艺术家共同创作的作品：吴道子所绘的宝志高僧像、李太白为逝者所作的神秘的颂歌以及颜真卿手书的这首颂诗。颜真卿这位中国最著名的书法家曾经与“诗帝”李太白于同一时间在南京逗留。

在紫金山的北麓，同样有众多的寺庙和墓葬。通往太平门的马路边，有许多明朝开国大将的墓碑遗迹，其中最著名的当属1385年去世的徐达墓。这位将军的人生从22岁起便征战沙场，不停地从胜利走向胜利。而且，“虽然他攻克了一座都城、三个行省和几百个城市，却仍然谦逊地、无半点夸耀地只乘坐一辆简单的马车回到他统治者的首都”。这员大将是中国得以摆脱蒙古异族统治的关键人物。再往东走几步，便是保存较好的李文忠墓。这位逝于1384年的明朝大将，同徐达以及常遇春一起，是明太祖108位大将中最重要的3位将领。常遇春的墓葬就坐落在天文台山脚。

明代墓葬大量的墓碑石像所用的石块，均来自南京城以东25公里的一片采石场，在通向汤山马路的路边。早先，据说是1405年，人们在这里发现了一些已经开凿下来、但尚未加工的石块，其中有一块有40多米长、15米高、4米宽，约摸几万吨重。另一块凿成长圆形的岩石，可能本来是要和与之相配的基座一起加工成石龟形状的。这些用最简单的手工工具从山体里开采出来的巨石，让人们意识到石匠们惊人的工作成就，想象到劳力们为把这些巨大沉重的石块拖过丘陵起伏的地带，运到紫金山麓开阔的墓地时，他们所面对的难以言表的辛苦和艰难。

采石场四周的山地风光十分自然美丽。从采石场向北望去，因其寺庙而闻名的宝华山山脉尽收眼底；向南望去，青龙山敞开其开阔的山谷。春日里，在采石场荒凉而孤寂的石海之中，蓝色的知更鸟唱着它静静的歌；而曾几何时，这里回荡着数千把锤子和凿子的敲击之音。

六朝陵墓

梁鄱阳王萧恢墓

失名之六朝墓石狮

梁安成康王萧秀墓石狮

陈文帝永宁陵

梁安成康王萧秀墓

宋武帝初宁陵石狮

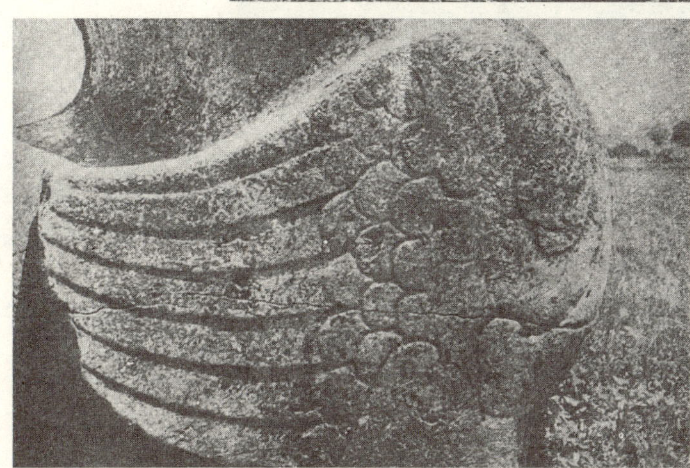

石狮前部

梁吴平忠侯萧景墓石柱

石柱碑额

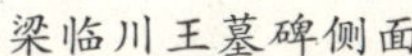

梁临川王墓碑侧面

梁临川王萧宏墓

梁临川王萧宏墓旁的石狮

六朝陵墓

从大汉王朝灭亡（公元220年）到在隋政权统治下，中国重新实现有效的大一统（公元589年），这期间的四百年时间，在中国的史书里被称为“六朝”。

这是一个内部分裂最为巨大的时代。北方直到黄河流域以南不远的地区，完全落入突厥[①]和其他异族的统治之下，中国的中心向南推移到长江流域的开阔地区。

这一时期南京第一次成为都城——公元229年秋得名建业[②]，除了中间有一次短暂的中断外，一直是六个连续的短命王朝的首都：吴（222—281）[③]、东晋（265—420，公元318年从洛阳迁都到建康）[④]、南朝宋（420—479）、齐（479—502）、梁（502—557）、陈（557—589）。

尽管政治上分裂，战乱与革命接连不休，随着无尽的屠血、残杀和暴力不断上演，民不聊生、苦不堪言，这一时期的文学和艺术却以其开放和包容在中国文化史上占据重要地

① 原文如此。

② 误。公元212年，孙权改秣陵为建业，寓意“建功立业”。

③ 一般认为，孙吴政权存在时间为229至280年。

④ 东晋政权存在时间为317至420年。

位,并在梁武帝的治下达到了顶峰。在这儿,皇室郡王自己赋诗填词,或者编纂诗集,作品堪称中国历代文人的精选杰作,至今仍为文化人捧读和研究。

然而,那个时代最大的艺术表现力与成熟度体现在雕塑艺术领域。保留至今的作品有南京周边独一无二的动物石刻——皇帝、郡王以及高官显贵陵墓边的石狮。

那时,通往那些大人物真正的陵墓道路的最后一段,大多在两侧有一对威武的动物石刻,其后基两边大多还跟随一根带有墓碑的石柱以及一个或二个乌龟,它们背上驮着石碑,上面详细雕刻着死者的生平和事迹。

墓道规模在早期还很小,远远比不上几个世纪后的那么长远和宽广。有的刚刚二三十米长,宽度也类似。陵墓山包高也不过五六米。

始终守着墓道入口的石狮本身是魔兽,是力量、权力和暴力的象征,是陵墓的威严、神圣不可侵犯和肃静的卫士。它们基本都是张着血盆大口,吼叫着咆哮着,肩上的翅膀形象生动地体现了这种幻想动物超自然的本性,并表现出与守卫在苏撒(Susa)和波斯波利斯(Persepolis)王宫前骄傲的动物形象的相似性。汉朝时期,中国与西方国家的文化交流频繁,通过西北异族的陆路传播,中国首次对波斯艺术有了了解。因为,在山东、四川和河南为我们留存下来了这一时期——公元二世纪的带有翅膀的石狮。六朝时,佛教极为盛行,一个新的精神和艺术浪潮通过更南面一些的路途来到中国。随之而来的,不仅有波斯艺术,还有在印度兴盛的希腊式佛教艺术[1]的古希腊元素。但所有这些艺术的启发都在中国艺术家的天才创造下转化为其特色的、自我圆满的雕塑表现力。在历来创作的大型动物石刻中，六朝统治者们墓道两旁的石狮是最有表现力和最高贵的。

这些陵墓分布在江宁、句容和丹阳一带，位于南京以东、东南和东北的方向。离南京最近的只有8公里到10公里远，最远的地方接近80公里到100公里，在丹阳和陵口的火车站附近。

中国早期的文献显示，这样的陵墓一共有89座，但是其中61座如今完全下落不明。剩下的有8座保存了下来，但无法判断墓葬主人何许人也。只有20座陵墓有据可考，其中超过一半以上（11处）来自梁朝，也就是六世纪的前半叶。

从南京坐火车到上海，上车半小时后就可以看到5座最出名的陵墓——在离第二个火车站（尧化门）几公里的地方，铁路路堤以北。

因为有一根保存完好的石柱，第一处陵墓肯定不会被错过。石柱上有一长方形题字石碑（柱额），柱盖为一个倒过来的平坦的莲花（仰莲式），莲花上托着一头石狮。石柱右边田地的前方，一头向西而视的石狮（辟邪）跨步向前。这是萧景墓，他46岁去世，公元523年被葬在这里。萧景是梁朝开国皇帝（梁武帝）的一个堂弟，为梁朝的建立以及政权的巩固立下了汗马功劳，是贡献最大的几位将军之一。同时，他

① 即犍陀罗艺术。

在文学和艺术上也颇有造诣。

陵墓现在可以见到的残余只有左侧的石柱和右侧的石辟邪；后者对面的左侧辟邪只剩下碎石废料，散布在农田里。但是除了萧景墓外，南京周边没有其他任何一处陵墓保存有如此完好的石柱。这座由下往上微微变细的石柱，约有一人高，埋在地下，柱身刻有棱纹，展现出了具有异域风情的古希腊石雕艺术风格，而棱纹的数量正好是24个，和爱奥尼亚式、科林斯式风格一样。柱子的横截面不是圆形，而是偏方形。但越往上，凹槽的连续性受到了限制，柱身下方是细长的蟠龙形象，由长2厘米到12厘米带有花纹的小块组成，上方则是粗壮的绳辫纹。此外，柱额下还雕刻有3个张牙舞爪、怒发冲冠、面似鬼神的形象。作为守卫者和保护神，他们还用脖子和拳头支撑起了几乎宽1米、高65厘米的柱额。柱额周围有细腻的镶边，上面刻着死者的名字和头衔。石柱背后绳辫纹上方，以及柱额上方的柱身部分，在棱纹凹进去的部位约有50个半圆形或柱形的隆起，在和柱额差不多高的地方又为一圈绳辫纹所替代。石柱上方是一段约12厘米宽波纹状的纹饰，柱头是一个覆莲纹的圆盖，那上面立着一只仰天长啸的小石辟邪。现在可以看到的石柱高度大约是4米到5米，周长大约是2.3米。

第二座陵墓位于萧景墓以东一到两公里。从火车上就可以看到一个头部被损坏的朝西而视的石辟邪，还有一块大石碑。这是萧憺的墓葬，他卒于522年12月11日，是梁朝开国皇帝最小的弟弟，很早就成为一位有名的出色军官。梁朝 502 年建国后，他受封始兴郡王，食邑三千户。接着出任湖北荆州刺史。和其他萧家人一样，他极有文学天赋并且深受民众爱戴。507 年，他在任的地区发生洪灾，他夜以继日，正如史书上记载的那样，冒雨站在齐膝深的水中帮忙修筑堤坝。508 年，萧憺被召回朝廷，接下来 10 年任使节，服务于国家处理重大事务。他的兄弟萧秀去世时，他拿出自己的所有财产支付丧葬事宜并给他兄弟手下的军队补偿，以防止他们抢掠。萧憺44 岁，那年在一次旅途中辞世，谥号为“忠武”。

再往东走几步就可以看到两座威严的石辟邪，它们保卫着忠烈王萧恢的陵墓。萧恢死于 526 年，527 年 4 月 11 日在此下葬。他是梁朝开国皇帝倒数第二个弟弟。年纪轻轻便在哥哥萧懿的推荐下成为南齐太傅萧鸾的心腹。萧鸾即位后，萧恢作了太子舍人，这在当时是最有声望的头衔之一。当他的哥哥萧衍起兵成为梁朝第一任统治者后，他被授以辅国将军之位并且封鄱阳郡王，管理江西鄱阳湖两千户农民。和他的哥哥、梁朝统治者武帝一样，他也是虔诚的佛教信徒。这位为人亲善、但总是优柔寡断、反复无常的郡王在 50 岁那年死于湖北荆州，谥号“忠烈”。萧恢墓前的这对辟邪也是所有这类雕刻中最具艺术价值的之一。但是两尊石狮也饱受了数世纪的风雨侵袭。东边的辟邪在霜冻和灌木的作用下开裂了，身上有一道纵向的差不多一掌宽的裂口。

距这座墓葬不到一公里就是甘家巷，郡王萧秀的墓葬位于村子入口第一户农家的左侧。这座墓葬可以作为那个时代的墓葬的最好的标本，因为这儿的古神道——很可能是中国现存的最古老的——即使在细节上并不完整,但保留下来的建筑在总体设置上是清晰的:两侧各有一个辟邪、一个龟趺(龟背上驮着的石碑都早已倒塌了)、一个石柱(只有西边的那个还在,东边的只能看见柱墩了),最末端又是一个龟趺,它们身上的石碑还保留着难以辨认的墓葬文字。

梁朝艺术的酷风和力量尤其体现在左边的、西面的那个辟邪上。在这儿,艺术线条极致的简化与最强大的表现力完美契合。辟邪的头直挺着,骄傲地后仰,极简风格的鬃毛线条凸显了辟邪的酷态。长舌从张开的大口中傲然、生动地垂到厚重前凸的胸脯上。左爪有力地前伸,尾巴牢牢地抵住地面。尽管身躯沉重,这只动物却集威严、勇敢和生命力于一身。这只辟邪——用一整块巨石来雕刻——从左前爪到肩部再到额头部,高度是 3.35 米,宽 1.7 米,长将近 4 米。

艺术上没什么追求的是那些龟趺,它们背上驮着大石碑,石碑上是一些纪念文字。然而,尽管十分抽象化,它们仍然比后来朝代无数的龟趺作品都更生动更真实。在柱墩上,有双龙戏珠的图案装饰,龙的身躯艺术地相互缠绕在一起。整个神道有 18 米长,也是同样宽,石刻之间的距离统一都是 6 米。这里与其他陵墓一样,墓葬山包也荡然无存。它本来应该位于离最后一对龟趺几步之遥的地方。陵寝是面朝东南建造的。

萧秀同样也是梁朝开国皇帝的弟弟,后者夺取政权后封其为郡王。萧秀连续担任多个总督职位,在湖北荆州建了一所学校,召集全国最好的学者,委托他们出版了很多重要的文学书集。皇室中，除中国古代最重要的文学作品选集《文选》的作者萧统郡王以外，萧秀是他那个时代文学和艺术的最大的推动者。公元517年，他作了湖北雍州刺史，却于518年初逝于去那里的途中，在一个村庄的客栈里，年仅43岁。同年，他的遗体被皇帝的一个儿子运回首都安葬。

第五座可以从火车上看到的陵墓位于西北两公里左右的地方，在栖霞山车站附近，张家库南边。相距这里22米坐落着两只高大魁梧的石辟邪，它们各有一对描绘得特别美丽的强壮有力的翅膀。左边的辟邪被严重损坏了，右边辟邪头的一半裂成5块，散落在旁边的农田里。我们不能确定这里埋葬的是谁，但极有可能是萧颖胄的墓，齐国宫廷的名高位尊之人，于公元501年下葬。

越过跟萧秀墓所在的甘家巷垂直方向的铁路和铁路南边绵延的山丘（陵山或兰山），可以在狮子冲看到一种完全不同的墓葬石狮。这种动物不同于王侯墓旁的石刻，不具有那种简洁的、几近刻板的线条和形态，而是在其整体构造上灵活、繁复得多。躯干直伸着，细长，龙的形状，腿蜷缩着，较短，关节细部显得更像是爬行的龙爪，而不是有力的狮蹄。强壮的头上顶着一个梳子形状拱起的装饰，大嘴敞开。长长的须髯取代耷下的舌头，从下巴一直垂到胸部。除了肩上的和短关节处的翅膀之外，头部两边的鬃毛也好像安上了翅膀。身躯被鳞片或羽毛状的图形铺满，这些图形流畅的线条把这个魔幻动物表现得更加逼真。那个特别的、拉长的、头顶隆起物被中国人称作“角”。他们称这种动物为麒麟，也就是独角兽。但是神道左边的这种动物大多都只有一只角，而右边的却一般都是两只角。按规矩，这种动物只有皇帝的陵墓才有资格拥有。这位公元566年在此下葬的统治者，是南朝陈的第二个皇帝——陈文帝[①]，这是一位不怎么重要的统治者，曾于560到566年间领导了这个国家的发展，45岁离世。

还有一座皇陵位于一个叫麒麟铺的小地方，离麒麟门只有几分钟的距离。麒麟门是南京外郭城墙的一座老城门，从中山门出发走9公里，就在去汤山的路上和老外郭土墙相交的地方。这座皇陵是南京周边最早的陵墓，建于422年。只有一大块石头物体还留在那儿，缺了前面头的部分。另一只麒麟成了一堆废墟，躺在这条村子道路的另一面的池塘里。不远的地方是南朝宋第一任统治者、也是当时最有名的统帅的陵墓，被熊熊燃烧的野心和无法满足的荣誉心所驱使，他在南京给晋朝安排了一个惨败的结局，却也只为自己赢得了不过两年的统治者至尊。66岁那年，他在此结束了其惊险颠簸的一生。

离这座陵墓不远的地方是梁朝郡王萧宏的墓。如果从麒麟门沿着部分保存完好的、这一段还铺上了石头的外郭城墙往北走3到4公里，很快就能找到它，墓就位于路的右手边1公里左右的地方，张库村一群房子的附近。一个驮有石碑的龟趺和石柱还保存完好，其他珍贵的石刻都倾圮地倒在

① 近年来的考古发掘资料证实，这座陵墓的主人是梁朝昭明太子萧统。

泥土地上或水渠边，颓败下去，看着很是悲惨。墓碑的外边缘上雕刻着长着翅膀的魔幻及神话动物，这些生动的浮雕具有重要的艺术价值。

萧宏也是梁朝开国皇帝的一个弟弟。作为军队统帅，他在对抗北方异族统治魏的征战中，立下了汗马功劳。不仅通过他个人的魁梧强悍——他身高超过两米，更是因为他的军队装备精良、纪律严明，从而使敌军望而生畏。他长时间任扬州刺史，卒于526年，享年53岁，谥号“靖惠”。

这些伟大艺术品的残余寂静地躺在南京周边的农田里，还有一些陵墓根本没被发掘出来。如果有谁穿过这些农田安静地散步，突然看到这些巨型的石刻，一定会被它们展现出的力量和威严所吸引，因为它们是六朝这个动荡但极富创造力的伟大时代最有力的证明。

栖霞寺

栖霞寺正面

栖霞寺全景

月门

边楼

隋朝石塔

三圣殿

大殿观音

栖霞寺

栖霞寺是南京周边风景最美、最有历史纪念意义的地方之一。它坐落于金字塔般耸立的石灰岩山脚下，在南京往东北方向25公里处，从栖霞山火车站步行半小时即可抵达。

早在公元五世纪末已有史书记载，一些隐居的、但又是能言善辩、饱读经书的和尚退隐来到这一山林幽静之地。其中第一位是隐士明僧绍。他于公元479年在原始的山野中搭建了自己的陋室，因其孤寂僻静，取名为“栖霞精舍”。栖霞寺之名由此而来。

没过几年，来自北方的高僧们在此创立了一种新的学派，使该寺闻名全国，并使在中国佛教历史上赢得了持久的声誉。在位于寺庙附近的岩壁上开凿有无数个小佛像石窟，即如今众所周知的“千佛岩”，便是这个辉煌时期的作品。

唐朝时期，这座寺庙因受皇家佑护而跻身中国“天下四大丛林”之列。乾隆皇帝下江南时多次游历古寺，并因心仪山寺周边秀丽的自然风光，令人在寺庙附近修建一座行宫作为驻跸之所。太平天国起义军砸烂并焚毁了这座寺庙，只留下一堆残垣断壁。

如今栖霞寺得到了完整的修复，被视为南京地区维护最佳、最美丽的寺庙建筑。主殿供奉的是毗卢遮那佛。主殿后面是大法堂，几乎每年都在这里举行隆重的剃度仪式。目前,有70名僧侣住在这座宽敞并且美丽如画的寺院里。

寺庙正门入口的左侧有一座从古时保留下来的大石碑,上面详述了第一位栖霞山隐者明僧绍的经历。他作为热忱而博学的佛学先驱,在一篇针对竞争对手道教的著名檄文中捍卫了他们的新学派。他独居山野,“情亲鱼鸟,志狎烟霞”。这座石碑是公元676年皇帝下令竖立的,提供了一个罕见的中原大地初唐时期的中国书法艺术的范例。

留存下来的古建筑物中最值得一提的,是寺庙南边的五层大理石宝塔。这座宝塔的历史要追溯到公元601年隋朝开国皇帝建造舍利塔的圣旨,它在十世纪又新修过。须弥座的八面刻有释迦牟尼佛的“八相成道图”,雕刻细腻,艺术高超。一级塔身的倚柱刻有四大天王像,他们站在舍利坛的几座厚重的门前,持久地守护着。两位菩萨中只有骑在大象身上的普贤菩萨还能辨认出来。厚重的大理石圈型屋檐略微拱起,上面的四层塔的墙面有坐佛雕像装饰。这座建筑属于中国最古老和最重要的石塔。

寺庙的树林自古以来就以其植物的种类繁多而闻名。在层林尽染、亮丽的秋日里,寺庙森林尽显出其全部的光彩,枫树和黄连木饱满的紫红,银杏树叶的金黄,多种类别栎树的铜色,美妙相异的色彩在深蓝色的天空下交相辉映。

登上山顶,沿途风光绝伦。正如足迹遍布中国的中国通费迪南·冯·李希霍芬描述的那样:“很少能如此完美地从一座高峰上看到一张地图所给予的风貌印象。扬子江谷地在我们眼前展开,江姿气势如虹,沟渠错综交织,无数的村庄和小城镇,嵌进丰饶的大地风光之中。彼岸,消失在云雾缭绕的视野尽头,一座座寂灭的火山构成了一幅令人向往的、颇为有趣的全景背景图。”

荷 湖

玄武湖秋晨

环洲纪念塔

远眺幕府山

清晨，淘米妇人

午景

秋季晚景

荷 湖

荷湖位于城墙峻峭绵长的东北段脚下。它拥有舒展的广袤和丰富、自然的秀美，是南京最具魅力的名胜之一。

从前，这湖比现在大很多，曾经占据了今天城市东部的大片地盘。岸边环绕着皇家园林，湖水灌溉着六朝宫廷的沟渠庭园。公元五、六世纪，这里是大规模水师操练和接受检阅的地方，战船可以通过宽阔的运河从长江行驶到这里。

这片湖水的中文名字叫玄武湖，“玄武”是一种抵御灾祸的水神。它统辖着由其庇护的北部地区，并与龙和龟等水神有着极为紧密的关系。玄武神像被供奉在公园岛屿北岸的一个小庙里。夏季湖中荷花繁茂艳丽，“荷湖”由此得名，但只有欧洲人使用这个名称。

直到近代玄武湖才向民众开放。公元1909年两江总督端方下令打开通向荷湖的玄武门，同时通过一条堤坝将五岛中的四岛连接起来，建起了最早的公园设施。1927年，又继续对公园进行了扩建。

如今的玄武湖是南京人最爱去的郊游地之一。阳春三月，湖岸柳树下排列整齐的舒适游船引人去湖中荡舟。此时湖面清爽，水生植物还少，活泼的女士和姑娘们轻快地用竹篙撑船，小舟在平滑如镜的湖中荡漾。樱洲岛上樱花如海，灿烂绚丽。公园堤岸上的腊梅花色已褪，而金黄的连翘花正在怒放。桃树、杏树掩映在白色、红色和紫红色花丛中。野鸭已准备下水嬉戏,秋沙鸭、沙鸥等白色鸟群早已离去。绚丽多彩的鸳鸯和有着彩色花斑的花脸鸭在二三月初出现在宁静的湖岸。草鹭,是高贵的大型涉禽,安静地藏匿在嫩绿的芦苇丛中。湖边公园的桑树叶表面光泽闪烁,仿佛镀上了一层漆。孩童开始玩弄第一批蚕蛹。清晨农夫手提盛满莲藕和贝类的大篮筐向集市走去。

4月中旬,荷叶慢慢伸展开来,它们刚开始显得纠结不匀,染着棕绿色,把湖面弄得像大片耕翻过的农田。但不久即开始了热带植物般的茂盛生长,将水面变成一片深绿色荷叶的涌动的海洋,只留出几条行船的水路。夏日,当城市街道上凝固着潮湿、沉闷的空气时,湖面上却吹拂着一缕怡人的清风,携着从硕大的荷花无数的花萼中散发出的沁香。这是湖上最修生养息的时节。水鸡机警地、骄傲地迈过荷叶,在厚厚的水草地毯上修筑着它不加防范的浅巢,马上就有小麻鸭和各类较大的鹭鸟聚集过来。母鹅极为细心地在城墙上寻觅着适合孵卵的洞穴。布谷鸟从城垛上越过芦苇窥探着正在筑巢的苇莺,留意它们在哪个巢里可以神不知鬼不觉地产卵。

秋季纯净、柔和的阳光照耀,带来了湖畔最明亮的日子。对于附近的居民来说,这是最忙碌的季节。要采莲子,摘完荷叶再叠起来捆好。粗糙的根茎叶被剪得和水面一样平整。美味的藕要到来年早春,等水温升高后才会采摘。女人和姑娘们小心翼翼地采菱角,然后用细长的镰刀削下看似鸡头的且刺手的果实。湖中厚厚的水草将被清除,船上水草堆得高高的,然后运送到岸边晒干。晚秋时节人们才开始在湖岸割芦苇。孩子们在最后的秋雨天清扫岛上金黄色的银杏落叶。湖水又重新显得开阔起来,出太阳的日子里就要开始捕鱼活动了。

此间,所有来湖上作客度夏的鸟儿都已踏上飞往南方的征途,第一批冬日的来客从它们产卵的北方地区飞回来了。锡嘴雀用它笨重的嘴大声地咬着柏树的果实。宽广的浅水湖面又将是各种鸭子们的集聚地,其中最多的是罗纹鸭、绿头鸭、斑嘴鸭和赤膀鸭。寒冷的冬日能看到鸭群在冰上簇拥在一起。白尾海雕紧随其后,捕捉鸭子后飞向云层。整个冬天在芦苇岸和水上都有大白鹭洁白的身影。

环湖的风光始终在各种氛围和色彩中呈现着层出不穷的、变换的美。近处那在一片柔和的银光中显现的绵延丘陵,淡淡地勾勒出细致的起伏的线条,一道道坡峦映染着轻柔的色彩,透出一种“江南”之乡特有的、为诗人们所常常吟诵的秀丽。3 月的清晨,太阳即将升起,霞光里,雾气从湖面升腾,缭绕在城墙的墙垛和较远的山峰上,让我们感受到古老的中国山水画的全部魅力。冬日晴朗的午后,艳阳高照,紫金山恬静地映照在沼泽般深蓝色的湖面上,山峰在日落时分闪耀着一种高贵的、深褐的紫光。

街道风貌

南门街景

夫子庙

卖菜妇女

吃饭

卖油郎

蒸糕

烧饼摊

做挂面

豆芽菜

棉花店

南京特产:板鸭店

绍酒店

米与量具

制伞店

书店

手工织布之一

手工织布之二

编篓子

做木桶

劈柴

算命盲人

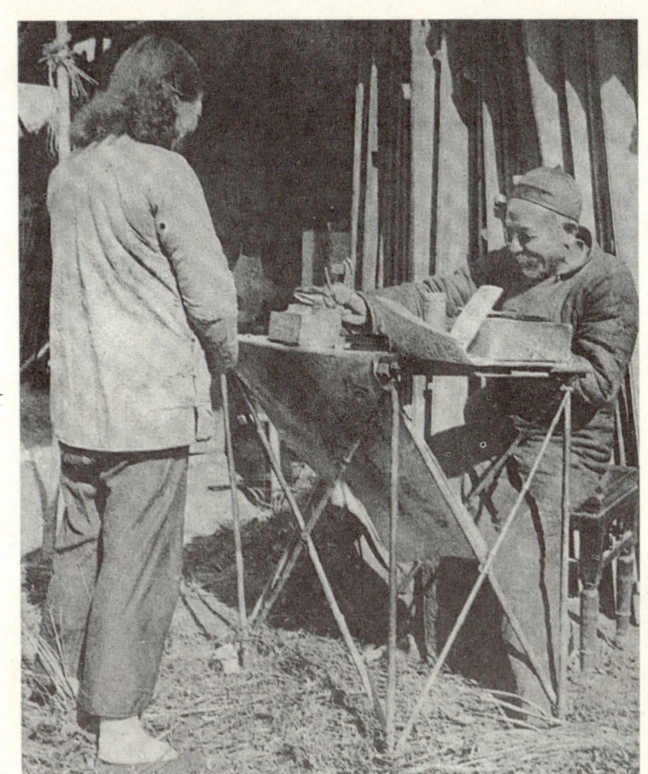

代写书信

卜卦

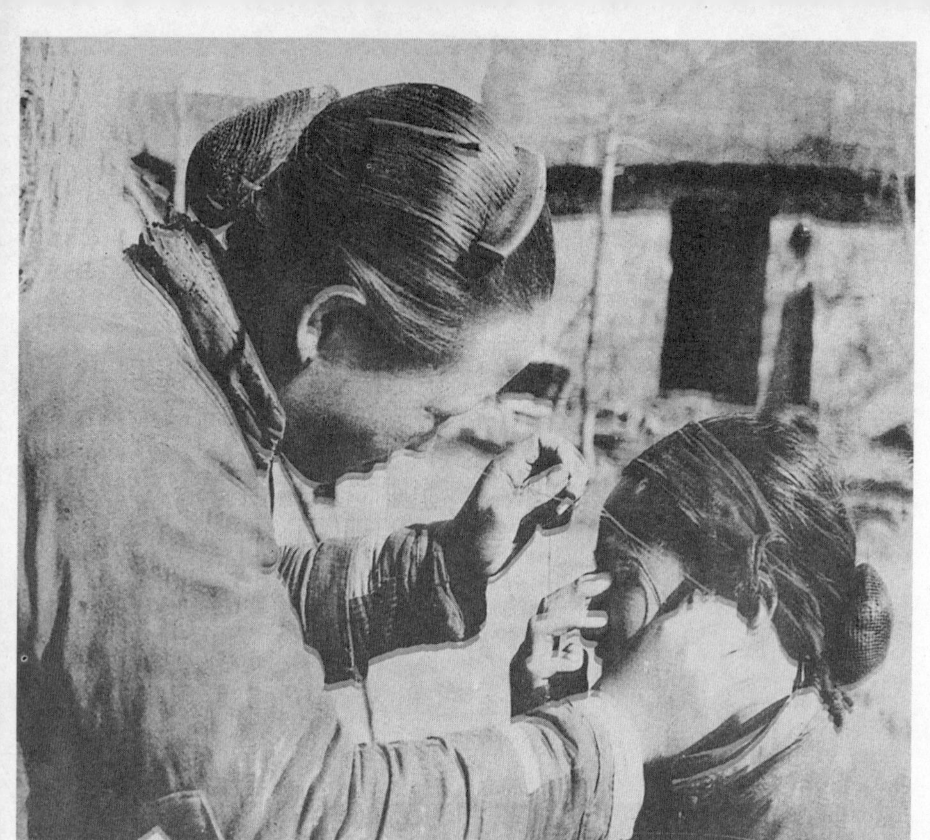

忍痛绞脸

后院

收工之后

城郊和江边的田野

滩上农家

山边田园

水稻农户

水稻田

分秧

插秧

水车

水桶船

上新河农妇

鸭群

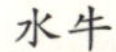

水牛

汉西门外晨景

江边

往燕子矶途中

从燕子矶眺望(观音门)

三台洞

观音阁

网虾

江边网鱼

补帆

江上生活

晒鹅

茭儿菜

晒鱼

鲥鱼

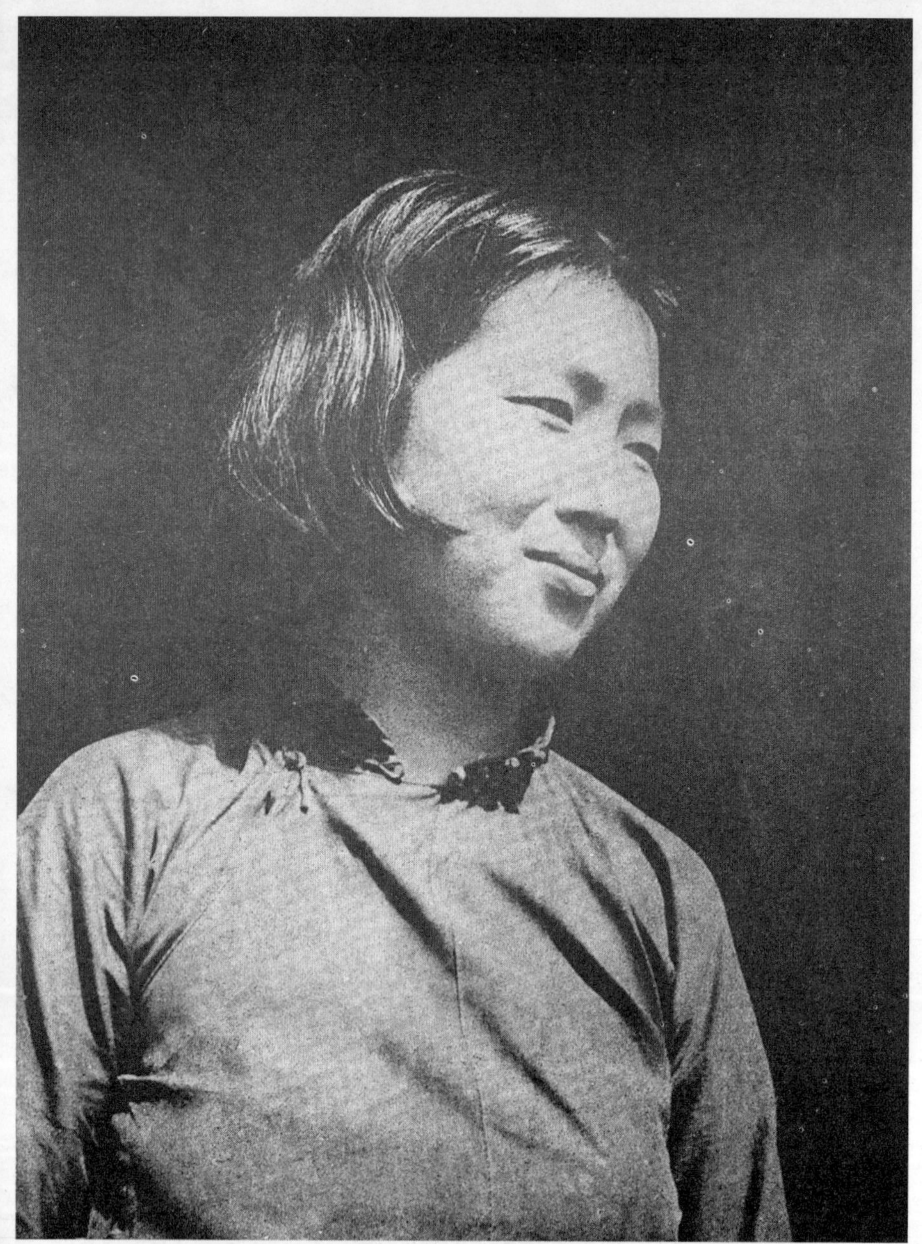

村妇

江心洲茅屋

小码头

编席匠区

秦淮河木排

秦淮河畔

长江晚景

《南京稀见文献丛刊》
已出书目

《南唐书》(两种) (宋)马令 (宋)陆游 定价:50.00元

《六朝事迹编类·六朝通鉴博议》(宋)张敦颐 (宋)李焘 定价:32.00元

《景定建康志》(宋)周应合 定价:201.00元

《金陵百咏·金陵杂兴·金陵杂咏·金陵百咏(外一种)》(宋)曾极 (宋)苏泂 (清)王友亮 (清)汤濂 定价:38.00元

《洪武京城图志·金陵古今图考》(明)礼部 (明)陈沂 定价:15.00元

《南京·南京》(明)解缙 (民国)李邵青 定价:12.00元

《金陵梵刹志》(明)葛寅亮 定价:138.00元

《金陵玄观志》(明)葛寅亮 定价:22.00元

《金陵琐事·续金陵琐事·二续金陵琐事》(明)周晖 定价: 47.00元

《客座赘语》(明)顾起元 定价:42.00元

《后湖志》(明)赵官 等 定价:60.00元

《金陵世纪·金陵选胜·金陵览古》(明)孙应岳 (清)余宾硕 定价:44.00元

《献花岩志·牛首山志·栖霞小志·覆舟山小志》(明)陈沂 (明)盛时泰 (民国)汪訚 定价:30.00元

《留都见闻录·金陵待征录》(明)吴应箕 (清)金鳌 定价:24.00元

《板桥杂记·续板桥杂记·板桥杂记补》(明末清初)余怀 (清)珠泉居士 (清末民初)金嗣芬 定价:25.00元

《建康古今记》(清)顾炎武 定价:16.00元

《白下琐言》(清)甘熙 定价:26.00元

《盋山志》(清)顾云 定价:19.00元

《秣陵集》(清)陈文述 定价:39.00元

《钟山书院志》（清）汤椿年　定价：30.00 元

《随园食单·白门食谱·冶城蔬谱·续冶城蔬谱》（清）袁枚　（民国）张通之

（清末民初）龚乃保　（民国）王孝煃　定价：24.00 元

《承恩寺缘起碑板录·律门祖庭汇志·扫叶楼集·金陵乌龙谭放生池古迹考》

（清）释鹰巢　（清末民初）释辅仁　（民国）潘宗鼎　（民国）检斋居士

定价：36.00 元

《金陵杂志·金陵杂志续集》（清末民初）徐寿卿　定价：38.00 元

《金陵琐志九种》（清末民初）陈作霖　（民国）陈诒绂　定价：90.00 元

《运渎桥道小志》（清末民初）陈作霖

《凤麓小志》（清末民初）陈作霖

《东城志略》（清末民初）陈作霖

《金陵物产风土志》（清末民初）陈作霖

《南朝佛志寺》（清末民初）孙文川　陈作霖

《炳烛里谈》（清末民初）陈作霖

《钟南淮北区域志》（民国）陈诒绂

《石城山志》（民国）陈诒绂

《金陵园墅志》（民国）陈诒绂

《南京愚园文献十一种》（清）胡恩燮（民国）胡光国 等　定价：150.00 元

《白下愚园集》（清）胡恩燮等　（民国）胡光国

《白下愚园续集》（清）张之洞等　（民国）胡光国

《白下愚园续集（补）》（清）潘宗鼎等　（民国）胡光国

《愚园宴集诗》（清）潘任等

《白下愚园题景七十咏》（清）胡恩燮　（民国）胡光国

《愚园楹联》（民国）胡光国

《白下愚园游记》（民国）吴楚

《愚园题咏》（民国）胡韵藻

《愚园诗话》（民国）胡光国

《愚园丛札》 佚名

《灌叟撮记》（民国）胡光国

《梁代陵墓考·六朝陵墓调查报告》（清末民初）张璜

（民国）中央古物保管委员会编辑委员会　定价：60.00 元

《金陵关十年报告》（清末民国）金陵关税务司　定价:28.00 元

《金陵胜迹志》（民国）胡祥翰　定价：20.00 元

《金陵岁时记·岁华忆语》（民国）潘宗鼎　（民国）夏仁虎　定价：13.00 元

《秦淮志》（民国）夏仁虎　定价：15.00 元

《明孝陵志》（民国）王焕镳　定价：27.00 元

《金陵大报恩寺塔志》（民国）张惠衣　定价：23.00 元

《首都计划》（民国）国都设计技术专员办事处　定价:40.00 元

《总理陵园管理委员会报告》（民国）总理陵园管理委员会　定价:138.00 元

《总理奉安实录》（民国）总理奉安专刊编纂委员会　定价:60.00 元

《总理陵园小志》（民国）傅焕光　定价:16.00 元

《新都胜迹考》（民国）周念行　徐芳田　定价:13.00 元

《新京备乘》（民国）陈迺勋　杜福堃　定价:48.00 元

《新南京》（民国）南京市市政府秘书处　定价:26.00 元

《陷京三月记》（民国）蒋公穀　定价:13.00 元

《南京》［德］赫达·哈默尔　阿尔弗雷德·霍夫曼　定价:40.00 元

《南京概况》（秘密）（民国）书报简讯社　定价:60.00 元

《南唐二陵发掘报告》 南京博物院　定价:70.00 元